U0856708

教育部人文社会科学重点研究基地重大项目
结项成果（项目号：16JJD790019）

中国国有金融资源的绿色化配置及其效率

杜 莉 张 云 周津宇 著

Green Allocation and Efficiency of
China's State-owned Financial Resources

中国社会科学出版社

图书在版编目（CIP）数据

中国国有金融资源的绿色化配置及其效率／杜莉，张云，周津宇著．—北京：中国社会科学出版社，2022.1

ISBN 978－7－5203－9611－0

Ⅰ.①中…　Ⅱ.①杜…②张…③周…　Ⅲ.①金融—资源配置—研究—中国　Ⅳ.①F832

中国版本图书馆 CIP 数据核字（2022）第 022047 号

出 版 人　赵剑英
责任编辑　张　潜
责任校对　党旺旺
责任印制　王　超

出　　版　中国社会科学出版社
社　　址　北京鼓楼西大街甲 158 号
邮　　编　100720
网　　址　http://www.csspw.cn
发 行 部　010－84083685
门 市 部　010－84029450
经　　销　新华书店及其他书店

印刷装订　北京君升印刷有限公司
版　　次　2022 年 1 月第 1 版
印　　次　2022 年 1 月第 1 次印刷

开　　本　710×1000　1/16
印　　张　13
插　　页　2
字　　数　202 千字
定　　价　68.00 元

凡购买中国社会科学出版社图书，如有质量问题请与本社营销中心联系调换
电话：010－84083683

目　　录

第一章

导　论

第一节　研究背景与意义

人类经济社会活动给生态环境带来的负荷已经接近或超过承载能力的上限，若不积极地采取有效的措施应对气候变化等环境问题，将会导致减排成本的迅速上升，[①] 致使全球面临增长的极限[②]或更为严重的灾难。绿色发展成为应对生态环境问题以及带动经济增长的全新引擎。美国、日本等国家实施的“绿色新政”“绿色发展战略”总体规划等都是对绿色发展的积极探索，我国在经济新常态的背景之下，亦将生态文明建设纳入“五位一体”的总体布局，倡导绿色发展理念，宣传“绿水青山就是金山银山”的价值导向，积极推进供给侧结构性改革和产业升级。

一　研究背景

（一）理论背景

从理论层面来看，新古典经济学的范式是当前经济学研究的主流范式，既得益于其形式上近乎“完美”的数理推导，同时也由于其能够在一系列前提假设之下，从复杂的经济现象中抽离出本质的具有普遍性的规律，使得经济分析更具可行性。但是，随着环境问题的凸显，主流经

---

① HM Treasury, *Stern Review*: *the Economics of Climate Change*, Cambridge University Press, 2006.

② ［美］德内拉·梅多斯、乔根·兰德斯、丹尼斯·梅多斯:《增长的极限》，李涛、王智勇译，机械工业出版社 2013 年版。

济学将生态环境作为外生性变量、以利润或效用最大化作为优化原则的范式，忽视了市场主体的社会责任，脱离了经济发展面临的现实困境，产生了范式危机。绿色经济学的范式是对主流经济学研究范式的改良乃至革新，可以分为主流经济学范式中的“浅绿色”的资源与环境经济学的范式，生态阈限为前提的“深绿色”生态经济学范式，以人与自然内在统一为前提、根本改造资本制度的生态社会主义的生态经济学的红绿结合的范式。① 在此理论背景之下，本书将遵循环境经济学与金融学的研究范式，在传统的理性经济人假设的基础之上，加入对市场主体社会责任的考量。

早期的金融发展理论研究了金融与经济增长之间的关系。面对绿色发展的资金缺口，学者们从可持续金融、环境金融、绿色金融的视角探索如何优化现有的投融资机制以及开拓全新的投融资渠道。大量国内外学者已经从绿色信贷、绿色债券、绿色保险、绿色基金等方面对传统金融工具的绿色化进行了深入研究，亦有学者对 PPP 模式、排污权交易等创新模式进行了分析，另有学者研究了绿色发展中如何界定政府与市场的关系，发现由于绿色经济领域投资的风险收益特征与资本逐利性之间存在矛盾，需要国有金融尤其是政策性金融的引导，认为绿色发展初期必须发挥财政资金的引导作用，构建以政府为主体的多元化的投资主体。由于目前相关研究集中于对上述模式的定性分析或对其实施效果的实证检验，鲜少有文献研究绿色发展视域下国有金融资源在上述金融工具或碳市场的功能及路径，本书将对该领域的研究成果进行丰富、完善和发展。

（二）现实背景

在实践层面，发达国家（地区）近年来积极开展“绿色新政”，将绿色经济作为新的经济增长点来培育。由于环境问题负面效应的跨国界特性，绿色发展的诉求具有全球性。《联合国气候变化框架公约》以及《京都议定书》的签署与实施，为全球应对气候变化以及探索绿色经济的发展路径积累了经验。目前，巨大的资金缺口仍是制约绿色经济发展

---

① 张连国：《论绿色经济学的三种范式》，《生态经济》2013 年第 3 期。

的“瓶颈”。据统计，主要经济体在2020年之前每年需要追加7万亿美元的绿色资金投入。[①] 美国、英国、欧盟等国家和地区已经在节能减排的制度政策、绿色银行、市场交易等维度取得了显著进展，为中国提供了参考和借鉴。2016年，中国作为G20峰会的主办方，将绿色金融列入G20议题，为进一步加强世界各国在绿色发展维度的交流与合作搭建了平台。

中国经济在历经三十余年的高速增长之后，逐步进入新常态，发展模式的创新性、协调性、包容性与可持续性成为新的关注点，经济运行逐步步入生态文明建设轨道，绿色发展、循环发展、低碳发展成为经济发展的新目标。从“要金山银山，也要绿水青山”到“绿色青山就是金山银山”的转变，反映了中国政府发展绿色经济的决心。据估计，为实现中国绿色发展与生态文明建设的目标，在今后5年，每年至少需要2万亿元人民币的投资，约占GDP总额的3%，而政府出资所占比重只能达到10%—15%，[②] 如何有效发挥政府资金的示范效应与杠杆效应，采用PPP等多元化的模式，引导社会资本进入绿色产业，是当前中国绿色发展面临的首要难题。有鉴于此，2016年年初，国家“十三五”规划将绿色金融提升至战略高度，明确提出“建设绿色金融体系，发展绿色信贷、绿色债券，设立绿色发展基金”。随后，《关于构建绿色金融体系的指导意见》(2016)，进一步从绿色信贷、绿色基金、绿色保险及排污权交易等维度明确了绿色金融体系建设的顶层设计。

现阶段，我国的绿色金融已经取得一定发展。自2013年《绿色信贷统计制度》执行以来，21家主要商业银行[③]绿色信贷的余额由2013年年末的5.20万亿元增加至2017年6月的8.22万亿元，增幅达58.17%。[④]

---

① 绿色金融工作小组：《构建中国绿色金融体系》，中国金融出版社2015年版。

② 绿色金融工作小组：《构建中国绿色金融体系》，中国金融出版社2015年版。

③ 21家商业银行包括：国家开发银行、中国进出口银行、中国农业发展银行、中国工商银行、中国农业银行、中国银行、中国建设银行、交通银行、中信银行、中国光大银行、华夏银行、广东发展银行、平安银行、招商银行、浦东发展银行、兴业银行、民生银行、恒丰银行、浙商银行、渤海银行、中国邮政储蓄银行。

④ 2017年2月9日，原中国银监会网站（中国银监会2003年设立，2018年3月撤销）。

绿色保险承保端，我国环境污染责任险的保费收入由2008年的1200万元上升到28000万元，占比由0.0051%上涨到0.032%，所占比例上涨了5.29倍；绿色保险投资端增长迅速，根据中国保险资产管理业协会（以下简称“中保资协”）统计，截至2018年4月底，以债权投资计划形式进行绿色投资的保险资金规模达6854.25亿元，细分来看，在新能源方向直接投资666亿元，在水利建设方向直接投资506.44亿元，在市政建设方向直接投资178.6亿元，在环保方向直接投资52.7亿元等。① 绿色债券方面，2016年我国发行2294.43亿元，成为全球最大市场；2017年发行规模又创新高，达到2710.63亿元；2018年，中国仍是全球绿色债券市场的第二大发行来源，符合国际绿色债券定义的中国绿色债券发行额达到2103亿元，中国绿色债券的募集资金投向广泛领域，按气候债券分类方案划分，投向低碳交通领域的募集资金占比最大，占2018年发行总额的33%。② 绿色基金方面，截至2018年年底，我国绿色私募证券投资基金合计499只，其中，全国公募发行的绿色环保主题证券投资基金56只，按发行份额合计规模达到1254.8亿元。③ 在碳排放交易方面，截至2018年年底，全国配额累计成交7.76亿吨，成交总额111.75亿元。其中，线上公开交易累计成交1.98亿吨，成交金额40.84亿元。④

在此理论与实践背景之下，本书拟从国有金融的视角切入，按照环境经济学和金融学的研究范式，沿着“绿色金融发展现状如何—国有金融利用金融市场与金融工具推进绿色发展的机制与路径—国有金融资源配置的绿色化倾向的实证检验—进一步完善和发展国有金融绿色发展体系”的研究脉络，针对中国经济绿色发展所面临的资金“瓶颈”、外部性、内涵不明确、信息不对称、期限错配等问题展开研究，并结合研究结论，提供具有可操作性的建议。

---

① 中国保险资产管理业协会，https://mp.weixin.qq.com/s?__biz=MjM5Nzc4MzQ4Mw%3D%3D&idx=2&mid=2653353736&sn=bf8f5f6848c3e65c6e0f23e110c5b76c。

② 数据来源：中国绿色债券市场2018年度报告。

③ 数据来源：Wind数据库。

④ 数据来源：湖北碳市场及交易中心。

二 研究意义

本书的研究，从国有金融作为经济发展的第一推动力和持续推动力角度，从国有金融体系资源配置的角度切入，以推动中国绿色经济运行模式的形成为出发点和落脚点，研究如何利用其资源配置功能，实现牵引与助推中国绿色经济发展的目标，具有较高的学术价值与实践意义。

本书的学术价值集中体现在以下三个方面。

第一，有利于我国绿色经济理论体系的形成。绿色经济虽自 1989 年问世以来已得到各界人士的广泛关注，但对其内涵的界定尚未形成明确一致的见解，对其运行模式的研究尚处在摸索阶段。同时，由于所处发展阶段的不同，已完成工业化的发达国家与正处于工业化进程之中的发展中国家对绿色经济的认知存在显著差异，因而，国外关于绿色经济内涵及运行模式的研究，其借鉴意义有限。本书结合中国所处的发展阶段及所面临的资源、能源的约束，深入分析绿色发展的内涵及阶段性特征，为我国绿色经济理论架构和体系的形成做出必要的贡献。

第二，有助于将国有金融资源配置的“绿色”属性单独挖掘，进一步丰富和发展“绿色”金融理论体系。现有关于构建绿色发展体系的研究，更多是从银行、保险、证券等角度展开的线条式或块状研究，本书试图以助推我国绿色经济运行模式的形成作为研究目标，从行业、功能、属性以及配套政策四个维度，提出进一步完善和发展网格式的国有金融绿色发展体系的路径与建议，拓展现有的相关研究成果。

第三，有助于依托绿色经济的背景，形成国有金融运行模式与绿色经济运行模式内在契合理论体系。要推动绿色经济运行模式的形成，亟须明确国有金融体系现行的运行机制、资源配置方式和路径与我国经济朝着绿色发展的方向迈进是否具有一致性和协调性。以此作为逻辑起点，本书采用理论分析和实证检验相结合的方法，对国有金融利用传统金融工具的“绿色化”以及碳交易体系推动绿色发展的路径和效果进行研究，拓宽了现有的研究视角，对国企改革及绿色经济的相关研究具有借鉴意义。

本书的实践意义表现为以下三个方面。

第一，有利于推动国家绿色发展，推动建设美丽中国的战略的实施。从践行国家战略的角度，绿色发展是中国未来经济发展的战略着眼点之一。国有金融机构在规模、信息、政策等维度所具备的比较优势以及自身兼具的引致功能，决定了其对资源的有效配置对于金融行业乃至整个经济可持续发展具有重要意义。本书从国有金融体系的视角切入，以提升国有金融资源配置的绿色化水平，进而促进绿色经济运行模式的形成作为研究目标，有助于推动国有金融机构积极执行国家在绿色经济维度的发展战略，缓解环境问题对国家财政的压力，引导金融资源流向低碳经济、循环经济等绿色经济领域，不仅有利于启动新的经济增长点，而且有利于我国绿色经济运行模式的形成。

第二，有利于推动我国国有金融机构的深化改革。从国有金融体系自身的角度，以推动绿色发展为导向优化资源配置，有助于国有金融机构践行社会责任，同时推动国有金融机构的改革及可持续发展。

第三，有利于推动绿色金融体系的构建。国有金融资本在金融体系中居于核心地位，在体量、结构、风险防范及制度政策的获取、解读及推进等诸多方面具有显著的比较优势。本书对绿色发展视域下国有金融资源配置的研究，有助于优化绿色金融体系构建的实施步骤和路径。

第二节 研究范围及相关范畴的界定

绿色发展涉及的领域较多，目前虽有学者从环境保护和经济增长的二维逻辑归宿①、绿色增长与绿色治理②等多个角度对其内涵进行界定，但并未形成一致见解。针对国有金融的研究更多是从监管机制的视角切入，尚未就国有金融的内涵给予明确清晰的界定。中共中央、国务院对国有金融资本的界定为本书提供了借鉴③，但并未包含本书研究所关注的国有金融资源的全部内容。下文将对本书研究的范围及所使用的相关概

① 郑红霞、王毅、黄宝荣：《绿色发展评价指标体系研究综述》，《工业技术经济》2013 年第 2 期。

② 俞岚：《绿色金融发展与创新研究》，《经济问题》2016 年第 1 期。

③ 中共中央、国务院：《关于完善国有金融资本管理的指导意见》，2018 年。

念的内涵及外延进行界定。

一　研究范围

目前，全球诸多国家都从不同维度对绿色发展进行了探索，本书以我国绿色发展的实践以及国有金融的资源配置作为研究对象，重点研究国有金融如何利用绿色信贷、绿色债券、绿色保险、绿色基金等金融业态以及碳市场等创新模式推动绿色金融体系的构建及绿色经济的发展。

二　相关概念的界定

本书研究所使用的“绿色发展”“国有金融资源”等相关概念虽借鉴了已有的研究成果，但部分核心词在内涵与外延上亦存在不同，本小节将对相关概念的内涵进行界定。

（一）绿色发展

本书中提及的“绿色发展”是指在强可持续发展的框架下，以提高人类福祉作为终极目标，以生产发展、生活富裕和生态良好作为外在体现的一种发展模式。本书中所使用的“绿色化”是一个动态性指标，引入了对人类福祉和社会公平的考量，其内涵为金融资源的配置在环境、公平及效率三个维度具有稳中向好的变动趋势。①

（二）国有金融资源

本书中借鉴了顾洪梅和冯青双从“金融国资和国有金资”两条路径对国有金融资产进行分析的思路，② 将“国有金融资源”界定为金融机构、中央及地方政府、大型央企等主体所蕴含且能够支配的金融资源。

与中共中央、国务院（2018）对国有金融资本的界定③相比，本书所

---

① 杜莉、周津宇：《政府持股比例与金融机构资源配置的“绿色化”——基于银行业的研究》，《武汉大学学报》（哲学社会科学版）2018 年第 3 期。

② 顾洪梅、冯青双：《我国国有金融资产出资人制度现状研究》，《经济体制改革》2016 年第 5 期。

③ 国有金融资本是指国家及其授权投资主体直接或间接对金融机构出资所形成的资本的权益。凭借国家权力和信用支持的金融机构所形成的资本和应享有的权益，纳入国有金融资本管理，法律另有规定的除外。

界定的国有金融资源的内涵更为广泛。之所以从如此广义的视角对国有金融资源进行界定，主要是出于三个方面的考量：其一是绿色发展面临的资金缺口较大，需要汇集多重渠道的国有金融资产共同发挥作用；其二是为推进绿色发展，传统金融工具的绿色化需要国有金融机构发挥先导功能和示范作用，PPP 模式的绿色基金需要中央及地方政府设立引导基金或母基金带动民间资本、社会资本与国际资本进入，碳市场的构建需要政府提供制度安排、央企参与以提升市场流动性；其三，部分央企作为碳排放交易的纳管企业，其国有成分参与绿色发展的实践能够为其他纳管企业提供参考。尤其是我国全国性碳市场以电力行业作为开端，相关央企在节能减排方面的探索将为后续纳入的行业提供借鉴。

（三）绿色信贷

本书所使用的“绿色信贷”是指银行业金融机构以绿色发展理念为指引，以落实“两山论”作为目标，以信贷功能为抓手，通过健全制度安排、优化信贷政策、加强能力建设等途径，将环境与社会风险的评估与使用常态化，进而推进经济与社会可持续发展的一系列行为。

（四）绿色证券

本书所使用的“绿色证券”包括了“绿色债券”和“绿色基金”两部分内容。其中，“绿色债券”是指将募集资金投向节能环保、清洁能源、应对与适应气候变化、生态环境维护等有助于可持续发展的绿色领域的债权债务凭证。“绿色基金”指以绿色发展为指导，专门针对能源结构优化、节能减排、循环经济发展、应对气候变化等领域建立的专项投资基金。书中的“PPP 模式”主要是指以生态环保项目作为投资方向，由政府公共部门与私人部门在明确风险收益分配机制的基础之上共同出资形成的 PPP 绿色低碳环保基金。

（五）绿色保险

从广义上来讲，绿色保险是指以经济社会活动所引发的环境风险作为标的的一系列保险产品和保险制度安排以及相关的长期治理机制。从狭义的层面来看，绿色保险则主要包括应对环境污染事故的短期保险工具及以气候变化所可能带来的风险为标的的长期保险工具。我国目前对绿色保险的界定局限于环境污染责任险，即以企业需要承担的由其生产行为造成的环境污染给第三方带来损失的赔偿责任为标的的风险。本书对我国绿色保险市场的分析使用的是国内普遍采用的狭义的界定。

（六）碳排放交易与碳市场

本书所使用的“碳排放交易”主要针对的是总量控制体系下基于碳排放配额的交易。书中提及的“碳市场”主要是指基于我国2011年设立的七家碳排放交易试点所形成的区域性的碳排放交易市场。

第三节　文献综述

本书将从国有金融资源、绿色信贷、绿色债券、绿色保险、绿色基金及碳市场有效性等六个方面对现有相关研究进行梳理和总结，并进行简单述评。

一　国有金融资源及其配置效应的研究

现有学者对国有金融的相关研究集中于探讨国有金融资产的管理模式及国有金融资产的配置及效应。

关于国有金融资产的管理，刘明康从国有金融体制的现状、明确国有金融资产管理的目标与原则以及如何加强和改进国有金融资产管理三个方面，对“十二五”规划中提出的“健全国有金融资产管理体制”进行解读。[①] 另有大量学者从金融监管[②]、汇金模式[③]、财政部与汇金公司为主的出资人制度[④]等多个方面着眼，对国有金融资产管理模式存在的问题及如何完善提出建议。胡海琼回顾了我国国有金融体制改革的五个阶段，通过对比五种模式，建议采用“国务院—金融国资委—金融控股公

① 刘明康：《健全国有金融资产管理体制》，《行政管理改革》2010年第11期。

② 张志前、李政德：《金融监管视角下的国有金融资产管理》，《国有经济评论》2014年第1期。

③ 杨达远：《论汇金模式与商业银行国有金融资产管理》，《金融教学与研究》2007年第4期。

④ 沈炳熙：《关于国有金融资产管理模式的若干思考》，《金融纵横》2010年第7期。

司（如汇金公司）”的模式。[①] 2018 年 6 月，中共中央、国务院出台了《关于完善国有金融资本管理的指导意见》，明确界定了国有金融资本的内涵以及由国务院代表国家行使所有权并授权财政部履行出资人职责的顶层设计。随后，财政部于 2018 年 7 月 18 日发布《财政部关于贯彻落实〈中共中央　国务院关于完善国有金融资本管理的指导意见〉的通知》，进一步明确了财政部贯彻落实国有金融资本管理的政策措施。

关于金融资源的配置效率，可以按照三条线索进行追溯和评价。其一是国有金融机构自身的效率；其二是以贷款为主要方式的国有金融资源的配置效率；其三是国有金融资产的主要流向——国有企业的效率。

关于国有金融机构的效率，已有诸多学者以国有商业银行为对象，运用不同的计量方法，从综合效率、生产效率、利润效率、组织效率以及市场营销效率等多个方面进行详细研究。方春阳和孙巍等以 1996 年至 2001 年中国银行、中国工商银行、中国农业银行、中国建设银行、交通银行等 14 家银行作为样本，采用非参数生产前沿面分析方法和计量回归分析方法，发现经济转轨时期我国国有商业银行综合效率的水平较低，但具有上升的趋势，与股份制商业银行的差距逐渐缩小。[②] 朱南和卓贤等使用 DEA“超效率”模型对 2000 年与 2001 年国内 14 家商业银行的生产效率进行评估，发现国有商业银行整体效率远低于股份制商业银行，产权不明晰以及盈利能力较低是导致其效率低下的主要原因。[③] 陈凯以平均资产收益率作为指标，进一步对商业银行的利润效率进行测算，发现 1996 年至 2010 年国有商业银行的利润效率快速增长并于 2003 年超过股份制商业银行。[④] 杨文和孙蚌珠等从所有权结构变化的视角，利用傅里叶随机利润效率前沿模型对国有商业银行的利润效率进行检验，得到与陈

① 胡海琼：《国有金融资产管理改革模式设计与政策匹配》，《改革》2017 年第 9 期。

② 方春阳、孙巍、王铮、王海蓉：《国有商业银行的效率测度及其行为特征的实证检验》，《数量经济技术经济研究》2004 年第 7 期。

③ 朱南、卓贤、董屹：《关于我国国有商业银行效率的实证分析与改革策略》，《管理世界》2004 年第 2 期。

④ 陈凯：《经济发展与国有商业银行利润效率》，《上海经济研究》2011 年第 10 期。

凯相似的结论。[①] 聂永忠从公司治理的视角，定性地对国有商业银行总分行制度的效率进行分析，建议遵循效率导向、科学授权、约束强化及权责对称的原则，通过提升国有商业银行的组织效率提高其竞争力。[②] 傅彦铭则从市场营销的视角，构建基于漂移度的效率组合模型，对五大国有商业银行的效率进行评估，发现国有商业银行的营销效率存在结构性差异，中国建设银行和中国农业银行的营销效率显著高于其他三家国有商业银行。[③] 于刚和张智晴基于 DEA 基本模型评估 2016 年商业银行的效率，发现上市银行的纯技术效率普遍较高，但国有商业银行的规模效率相对较低。[④] 现有相关研究表明，国有商业银行早期的效率相对较低，伴随着所有权结构的优化、治理结构的完善、监管制度的健全，国有商业银行的效率在逐步提升。

关于国有金融资源配置方式的效率，现有研究主要集中在检验偏向性信贷政策的效率。张天华和张少华采用倾向得分匹配法构建对照组，利用反事实分析评估国有企业所享受的偏向性政策对经济效率的影响，发现偏向性政策将导致国有企业出现资本和劳动的过度配置，带来经济效率的损失。[⑤] Hong Ru 基于供应链的视角，研究发现国家开发银行对工业国有企业的贷款会对本行业的私人企业形成挤出效应，但对下游产业的私人企业具有引致（crowed in）效应，而国家开发银行的基础设施贷款能够引致（crowed in）私人企业参与基础设施建设。[⑥] 上述研究表明，偏向性的信贷政策将导致过量的国有金融资源流入国有企业，导致资源配置效率较低，但随着产权制度的改革以及国有企业数量的减少，国有

---

① 杨文、孙蚌珠、程相宾：《中国国有商业银行利润效率及影响因素——基于所有权结构变化视角》，《经济学》（季刊）2015 年第 2 期。

② 聂永忠：《国有商业银行总分行的组织效率——基于公司治理视角的研究》，《金融论坛》2014 年第 12 期。

③ 傅彦铭：《国有商业银行市场营销效率的测算》，《统计与决策》2015 年第 2 期。

④ 于刚、张智晴：《基于 DEA-Malmquist 指数的中国商业银行效率研究》，《东北财经大学学报》2019 年第 1 期。

⑤ 张天华、张少华：《偏向性政策、资源配置与国有企业效率》，《经济研究》2016 年第 2 期。

⑥ Hong Ru，“Government Credit，a Double－Edged Sword：Evidence from the China Development Bank”，*Journal of Finance*，Vol. 73，No. 1，2018，pp. 275－316.

金融资源配置方式所导致的效率损失将逐渐下降。

关于国有金融资源主要流向——国有企业的效率，已有大量学者对其进行广泛且深入的研究。姚洋早期对工业企业技术效率的研究发现，国有企业在各类所有者企业中效率最低。[①] 吴延兵加入创新效率的维度，研究发现国有企业自身存在双重效率损失。[②] 董晓庆和赵坚等以 2000 年至 2011 年五大高新技术行业的相关数据作为样本，对国有企业与民营企业的创新效率进行对比，得到与姚洋相似的结论。[③] 刘瑞明和石磊从国有企业自身的效率及其对民营经济乃至整个经济效率的影响两个维度，提出国有企业存在双重效率损失的假说，并以 1985 年至 2004 年 29 个地区的省级面板数据作为样本，对理论假说进行实证检验，进一步验证了国有企业自身效率较低，且对整个经济存在"增长拖累"。[④] 针对刘瑞明和石磊的研究结论，洪功翔提出了不同的见解，认为国有经济对经济增长具有正向影响，并使用 2000 年至 2008 年 29 个地区的省级面板数据对其观点进行论证。[⑤] 刘瑞明进一步从金融抑制、所有者歧视的视角对国有企业"拖累增长"的逻辑与路径进行识别和分析。[⑥] 随后，刘瑞明从直接效率、间接效率、低效归因、国企改制的效果及成因四个方面对已有研究进行了归纳、梳理及述评，认为国有企业存在效率损失。[⑦] 倪国华和徐丹丹等在更长的时间区间（1978 年至 2014 年）内分阶段测算国有企业的效率，发现在起飞地区通过模仿快速实现工业化的阶段，国有企业具有强大的宏观效率，随着经济发展水平的提高，其微观效率方面的短板将不

---

① 姚洋：《非国有经济成分对我国工业企业技术效率的影响》，《经济研究》1998 年第 12 期。

② 吴延兵：《国有企业双重效率损失研究》，《经济研究》2012 年第 3 期。

③ 董晓庆、赵坚、袁朋伟：《国有企业创新效率损失研究》，《中国工业经济》2014 年第 2 期。

④ 刘瑞明、石磊：《国有企业的双重效率损失与经济增长》，《经济研究》2010 年第 1 期。

⑤ 洪功翔：《国有企业存在双重效率损失吗——与刘瑞明、石磊教授商榷》，《经济理论与经济管理》2010 年第 11 期。

⑥ 刘瑞明：《金融压抑、所有制歧视与增长拖累——国有企业效率损失再考察》，《经济学》（季刊）2011 年第 2 期。

⑦ 刘瑞明：《中国的国有企业效率：一个文献综述》，《世界经济》2013 年第 11 期。

断显现。[①] 另有学者从投资效率的视角切入，对国有企业的效率进行测算和评估，发现国有企业存在过度投资的现象。[②]

由于现有大量研究表明国有企业存在效率损失，部分学者将研究视角转移至国有企业是否应该退出竞争性领域。[③] 张杰回顾了新中国成立至今我国经济金融发展的历史，认为国有金融体制与中国不同阶段经济发展的逻辑演变相契合，是推动我国经济崛起和制度转型的必然选择。[④] 本书亦认为国有金融资源在我国经济改革发展中发挥了不可取代的重要功能。

现有关于国有金融资源配置效率的研究，主要是针对竞争性的领域或行业，鲜有研究从公共产品供给的视角对国有金融效率进行评估与测算。绿色发展具有准公共物品的属性，本书将重点研究国有金融资源在绿色发展维度的配置效率，能够在一定程度上补充并丰富现有相关研究。

二 绿色信贷及其效应的相关研究

国外学者更多是从可持续金融、环境金融的视角对绿色信贷展开研究。[⑤] 2007 年，中国银监会发布《节能减排授信工作指导意见》，要求政策性银行、国有商业银行、股份制商业银行、金融资产管理公司、邮政储蓄银行、各省级农村信用联社、银监会直接监管的信托公司、企业集团财务公司、金融租赁公司等金融机构根据节能减排的方针及国家的产

---

① 倪国华、徐丹丹、谢志华：《国有企业在不同经济发展阶段的效率图谱研究》，《数量经济技术经济研究》2016 年第 7 期。

② 孙晓华、李明珊：《国有企业的过度投资及其效率损失》，《中国工业经济》2016 年第 10 期；陈锦然：《国有企业效率、过度投资与利润增长》，《技术与创新管理》2018 年第 5 期。

③ 刘小玄、朱克朋：《国有企业效率与退出选择——基于部分竞争性行业的经验研究》，《经济评论》2012 年第 3 期；谢莉娟、王诗桪：《国有资本应该退出竞争性领域吗——基于行业比较与批发业效率机制的分析》，《财贸经济》2016 年第 2 期。

④ 张杰：《为什么选择国有金融制度》，《金融评论》2017 年第 1 期。

⑤ Eric Cowan, "Topical Issues In Environmental Finance, research paper was Commissioned by the Asia Branch of the Canadian International Development Agency (CIDA)", *Topical Issues In Environmental Finance*, 1999; Monaghan S., "A Borrower's Guide to Lowering Corporate Environmental Liability", *Journal of Corporate Accounting & Finance*, Vol. 4, No. 3, 2010, pp. 353 – 367; Jeucken, Marcel, *Sustainable Finance and Banking: The Financial Sector and the Future of the Planet*, UK: Earthscan Publications Ltd., 2002.

业政策修订完善信贷审核标准与流程。从此，绿色信贷作为绿色金融的先头兵，率先开始实践并得到了学者的广泛关注。早期，学者对绿色信贷的研究以定性为主，更多是对绿色信贷内涵的探讨①、对国内外经验的归纳与总结②、对绿色信贷发展面临的问题以及如何更好地推动绿色信贷业务的建议。③ 随着绿色信贷业务的深入开展，学者关注的焦点逐步转移到对绿色信贷业务实施效果进行检测与评价的定量研究。本书将重点从绿色信贷在宏观层面的环境效益、在中观层面对产业结构调整与升级的作用、在微观层面对企业及商业银行的影响等三个方面对现有量化分析的结果进行梳理。

（一）宏观层面：绿色信贷对环境的影响

从理论层面来看，绿色信贷业务的开展能够从正反两个方面，降低清洁生产企业的融资成本，扩大对其的信贷规模，同时加强对高污染、高能耗、高排放企业的信贷审核与信贷控制，进而通过有保有压的方式，实现节能减排的目标。

学者对我国绿色信贷环境效益的检验结果基本与理论分析一致，即绿色信贷业务的开展推进了环境效益的改善。罗雁之和焦月从存量调整、流量优化的视角对绿色信贷影响产业结构的机制进行分析，并通过数据的描述性统计分析发现，银行的信贷资金正逐步从高污染行业转移到生态环保行业。④ 胡震云和陈晨等以微分博弈理论为基础，构建银行与企业的微分博弈模型，通过数值仿真研究发现，采用绿色信贷政策和设置政

---

① 邓聿文：《为企业节能减排构筑“绿色信贷”》，《上海证券报》2007 年 7 月 20 日第 7 版；杨涛、程炼：《碳金融在中国发展的兴业商业银行案例研究》，《上海金融》2010 年第 8 期；董利：《绿色信贷体系建设和风险防控》，《中国金融》2012 年第 10 期；樊志刚、李卢霞：《我国商业银行推行绿色信贷的政策环境分析及业务创新路径探讨》，《金融理论与实践》2012 年第 9 期。

② 古小东：《绿色信贷的国际经验与启示》，《金融与经济》2010 年第 7 期；赵雅斐、汲奕君、卢笛音、高帅：《借鉴国际经验发展我国绿色信贷》，《征信》2013 年第 6 期。

③ 何德旭、张雪兰：《对我国商业银行推行绿色信贷若干问题的思考》，《上海金融》2007 年第 12 期；中国人民银行三明市中心支行课题组：《绿色信贷政策实施效应与优化选择路径研究——以福建省三明市为样本》，《福建金融》2012 年第 5 期。

④ 罗雁之、焦月：《绿色信贷对产业结构调整影响研究》，《经济研究导刊》2012 年第 13 期。

府奖惩机制，可以增强水污染控制的效果。[①] 赵朝霞使用兴业银行和中国工商银行绿色信贷平均增长率来代替绿色信贷，通过对数据的统计性描述分析，研究发现，虽然存在较长的时滞，但绿色信贷的规模越大，增速越快，节能减排量越多。[②] 刘婧宇和夏炎等通过构建加入金融系统的CGE 模型，模拟绿色信贷的传导路径，测算实施惩罚性利率对“双高”行业的影响。研究发现，绿色信贷政策在短期和中期能够有效遏制“双高”行业的扩张。[③] 梁玉和赵洋使用灰色关联分析，以 2006—2015 年相关数据作为样本，研究发现绿色信贷具有显著的环境效益。[④] 杨一凡以2009—2014 年作为研究区间，对绿色政策的刻画采用哑变量的形式，将绿色信贷指引颁发之前年份的变量值设为 0，颁布之后的设为 1，研究绿色信贷政策与债务期限结构的关系，发现绿色信贷能控制和约束企业的过度投资。[⑤]

（二）中观层面：绿色信贷对产业结构调整的影响

绿色信贷助推产业结构升级的机制主要包括：资金引导机制、信息传导机制、信用催生机制等。[⑥] 另有学者从资本形成机制与资本导向机制两个方面阐明绿色信贷与产业结构之间的传导渠道。[⑦]

自 2011 年以来，大量国内学者对绿色信贷助推产业结构调整的效应进行实证检验。陈伟光和胡当通过对宏观数据的分析发现，绿色信贷的实施在一定程度上推动了我国的产业升级，但受制于环境信息不对称、政府监督力度不足与民众监督缺位等诸多因素，其实际效应

---

① 胡震云、陈晨、张玮：《基于微分博弈的绿色信贷与水污染控制反馈策略研究》，《审计与经济研究》2013 年第 6 期。

② 赵朝霞：《商业银行绿色信贷实践及其对经济绿色转型的推动》，《财会月刊》2015 年第 32 期。

③ 刘婧宇、夏炎、林师模等：《基于金融 CGE 模型的中国绿色信贷政策短中长期影响分析》，《中国管理科学》2015 年第 4 期。

④ 梁玉、赵洋：《绿色信贷产业结构优化效应研究》，《西部金融》2017 年第 8 期。

⑤ 杨一凡：《绿色信贷与债务期限相关性研究——兼论对企业投资的影响》，《财会通讯》2018 年第 20 期。

⑥ 蔡海静：《我国绿色信贷政策实施现状及其效果检验——基于造纸、采掘与电力行业的经验证据》，《财经论丛》2013 年第 1 期。

⑦ 霍东升：《绿色信贷对产业结构调整的作用分析》，《河北金融》2017 年第 12 期。

并不显著。[①] 中国人民银行三明市中心支行课题组以福建省三明市的相关统计数据作为样本，研究发现，绿色信贷有助于推动产业升级、有助于推广节能减排技术、支持循环经济实施、促进绿色产业的兴起，但政策中的利益分歧、实施过程中的信息不对称及异化，导致绿色信贷与产能过剩存在矛盾，建议通过制度功能、能力建设等多重举措打破困境，激发绿色信贷功能的发挥。[②] 中国人民银行常州市中心支行调查统计科课题组以江苏省常州市为例，选择随机抽取的有环评结果的 278 家企业 2008 年 12 月至 2012 年 12 月的环评结果、贷款余额、工业总产值等相关数据作为样本，研究发现，环评结果与贷款正相关；企业贷款的增加（减少）会引起企业单位能耗的下降（升高）；绿色信贷能够促进企业转型升级。[③] 修静和刘海英等通过构建非线性面板门限模型，使用工业污染治理投资中“银行贷款”的部分来刻画工业绿色信贷，研究发现绿色信贷能够促进工业的增长，但随着绿色信贷占比的增加，其对工业增长推动作用逐渐减弱。[④] 梁玉和赵洋使用灰色关联分析，研究发现绿色信贷有助于推动产业结构的调整，并就绿色信贷如何更好地支持产业结构优化调整提出“加、减、乘、除”策略。[⑤] 徐胜和赵欣欣等以 2004—2015 年我国 31 个省份的相关数据作为样本，从资本形成、信号传递和反馈与信用三个视角研究绿色信贷对产业结构升级的影响机制，使用灰色关联分析和面板模型，研究发现，绿色信贷能够显著推动产业结构调整升级，且主要通过资本与资金渠道实现。[⑥] 邱英杰和杨晓倩基于灰色关联模型，从“引导效应”和“挤出效应”两个方面检验绿色信贷对产业升级的作

---

① 陈伟光、胡当：《绿色信贷对产业升级的作用机理与效应分析》，《江西财经大学学报》2011 年第 4 期。

② 中国人民银行三明市中心支行课题组：《绿色信贷政策实施效应与优化选择路径研究——以福建省三明市为样本》，《福建金融》2012 年第 5 期。

③ 中国人民银行常州市中心支行调查统计科课题组：《对落实绿色信贷政策引导产业转型升级效果的实证分析——以江苏省常州市为例》，《金融纵横》2013 年第 6 期。

④ 修静、刘海英、臧晓强：《绿色信贷、节能减排下的工业增长及预测研究》，《当代经济科学》2015 年第 3 期。

⑤ 梁玉、赵洋：《绿色信贷产业结构优化效应研究》，《西部金融》2017 年第 8 期。

⑥ 徐胜、赵欣欣等：《绿色信贷对产业结构升级的影响效应分析》，《上海财经大学学报》2018 年第 2 期。

用，发现绿色信贷的发展有助于推进产业结构的优化。[①]

（三）微观层面：绿色信贷对企业以及商业银行的影响

关于绿色信贷对企业的影响，连莉莉以2000—2014年上市公司的数据作为样本，以2007年为分界点，使用哑变量测度绿色信贷政策的影响，采用固定效应面板模型，从债务融资成本的视角分析绿色信贷对“两高”企业和绿色企业的影响，发现绿色信贷政策降低了绿色企业的融资成本，增加了“两高”企业的融资成本。[②] 苏冬蔚和连莉莉进一步以《绿色信贷指引（2012）》的颁布为事件构造准自然实验，基于倍差法测算绿色信贷对重污染企业的影响，研究发现，绿色信贷具有显著的融资惩罚效应和投资抑制效应。[③] 许松涛和陈霞进一步引入银企关系的影响，研究发现，《绿色信贷指引（2012）》的实施，有效遏制了银企关系对重污染企业固定资产投资的驱动效应。[④]

关于绿色信贷对商业银行的影响，绿色信贷兼具政策导向性和营利性的特征，其能否提升商业银行的经营绩效并增强商业银行的竞争力，在很大程度上决定了商业银行是否有足够的动力开展相关业务，进而决定了绿色信贷能够获得长远的发展。对绿色信贷与商业银行经营绩效之间相关关系的研究，是2016年以来国内学者关注的焦点问题之一。

在国内现有研究中，部分学者认为绿色信贷对于提高商业银行的绩效、降低商业银行的信贷风险、增强商业银行的竞争力等方面具有正向的作用。陶茜在连莉莉相关研究的基础之上，从成本效应、潜在收益与潜在损失效应、声誉效应、激励相容效应等方面，选择招商银行、兴业银行、中信银行、浦发银行、平安银行和宁波银行的相关数据作为样本，选择资产收益率来表征银行绩效，用绿色信贷余额作为绿色信贷政策的

---

① 邱英杰、杨晓倩：《绿色信贷与产业升级的关系研究——基于灰色关联模型的实证分析》，《福建金融》2019年第1期。

② 连莉莉：《绿色信贷影响企业债务融资成本吗？——基于绿色企业与“两高”企业的对比研究》，《金融经济学研究》2015年第5期。

③ 苏冬蔚、连莉莉：《绿色信贷是否影响重污染企业的投融资行为?》，《金融研究》2018年第12期。

④ 许松涛、陈霞：《绿色信贷、银企关系与企业投资行为》，《金融理论探索》2019年第1期。

代理变量，引入资产规模、银行性质、负债率等控制变量，使用OLS回归进行实证分析，研究发现，绿色信贷政策在短期内对银行绩效有正向作用，在长期，需要其他三个效应的补充，才能增强银行继续推行绿色信贷政策的动力。① 宋晓玲和吴嘉伊选择净资产收益率作为财务绩效的表征，以最早加入赤道原则的8家银行2006—2014年的面板数据作为样本，研究绿色信贷对商业银行财务绩效的影响，发现通过增加赤道原则C类信贷项目个数以及环保领域信贷项目的数量，可以提升赤道银行财务绩效。②

李苏和贾妍妍等通过构建面板模型，以2011—2015年16家上市商业银行的绿色信贷及银行相关数据为样本，研究发现绿色信贷与银行绩效（资产收益率）呈现正相关关系，与银行风险（破产风险度）呈现负相关关系，即实施绿色信贷有助于提高银行绩效，降低银行风险。③ 田国双和杨茗以国内16家上市商业银行的相关统计数据作为样本，通过对资产收益率与净资产收益率的均值进行标准化处理来刻画上市商业银行的财务绩效，通过定义绿色信贷制度建构、组织机构建设程度、绿色信贷考核制度、绿色信贷产品创新程度、对“两高一剩”行业的贷款取代程度、对项目的环境测评力度、余额管理程度、对赤道原则项目测评的践行程度、与环境组织的关联程度等9项指标，来测算绿色信贷的9个不同的方面对商业银行财务绩效的影响，研究发现，除了组织机构建设程度和绿色信贷考核制度影响不显著之外，其余7个指标均呈现显著的正向影响。④ 孙光林和王颖等以五大国有控股商业银行2008—2016年的数据作为样本，使用不良贷款率、净利润和非利息收入来代表信贷风险，研究发现，绿色信贷能够有效抑制不良贷款率的上升，提高商业银行的净利

① 陶茜：《绿色信贷对银行绩效的影响机制探讨》，《宏观经济管理》2016年第5期。

② 宋晓玲、吴嘉伊：《绿色信贷对财务绩效的影响——来自赤道银行的经验证据》，《征信》2017年第3期。

③ 李苏、贾妍妍、达潭枫：《绿色信贷对商业银行绩效与风险的影响——基于16家上市商业银行面板数据分析》，《金融发展研究》2017年第9期。

④ 田国双、杨茗：《绿色信贷与银行财务绩效相关性研究——基于16家上市商业银行的数据》，《河南工业大学学报》（社会科学版）2018年第2期。

润和非利息收入，即绿色信贷能够降低商业银行的信贷风险。[①] 胡荣才和张文琼从银行放贷成本的角度采用微观经济学的一般范式研究绿色信贷对商业银行盈利水平的影响。选择中国银行等 14 家银行 2009—2014 年的相关数据作为样本，研究发现，绿色信贷会降低银行的营业利润，但通过扩大贷款总额能在一定程度上抵销其带来的利润损失。[②] 刘立民和牛玉凤等以 14 家上市商业银行 2010—2015 年的相关数据作为样本，以平均总资产回报率作为被解释变量，研究发现，绿色信贷比率与贷款总规模相匹配，即国有商业银行在绿色信贷方面具有规模效应，且绿色信贷比率的增加将推动银行盈利能力的提高。[③] 任康钰和张晨希以利润最大化为导向建立微观理论模型，使用 16 家上市商业银行的面板数据作为样本，研究发现，绿色信贷有助于提高股份制商业银行的资产收益率，大型国有商业银行更容易达到利润最大化的条件，建议国有大型商业银行充分发挥自身优势，降低绿色信贷边际成本，为绿色信贷业务树立标杆。[④] 志学红和王国栋等建立线性回归模型，选择我国 10 家上市银行 2009—2015 年的数据为样本，发现提高绿色信贷水平能够提升商业银行的盈利能力。[⑤] 何凌云和吴晨运用系统 GMM 回归方法，以 9 家上市商业银行（包括 4 家国有控股商业银行和 5 家股份制商业银行）2008—2016 年绿色信贷余额、资产收益率等变量的相关数据作为样本，研究发现，商业银行的绿色信贷能够提高其总资产收益率，有助于提升商业银行的竞争力。[⑥] 高晓燕和高歌以 20 家国内上市商业银行的数据为样本，采用主成分分析的方法，

---

① 孙光林、王颖、李庆海：《绿色信贷对商业银行信贷风险的影响》，《金融论坛》2017 年第 10 期。

② 胡荣才、张文琼：《开展绿色信贷会影响商业银行盈利水平吗?》，《金融监管研究》2016 年第 7 期。

③ 刘立民、牛玉凤、王永强：《绿色信贷对我国商业银行盈利能力的影响——基于 14 家上市银行的面板数据分析》，《西部金融》2017 年第 3 期。

④ 任康钰、张晨希：《绿色信贷对我国商业银行业绩的异质性影响——基于 16 家上市商业银行面板数据的分析》，《武汉金融》2018 年第 5 期。

⑤ 志学红、王国栋、高清霞：《绿色信贷业务对商业银行盈利能力的影响》，《环境与可持续发展》2018 年第 1 期。

⑥ 何凌云、吴晨：《绿色信贷、内外部政策及商业银行竞争力——基于 9 家上市商业银行的实证研究》，《金融经济学研究》2018 年第 1 期。

计算得到商业银行的竞争力，通过构建固定效应的面板模型，研究发现，绿色信贷规模的扩大有助于推动商业银行竞争力的提升。[①]

同期，亦有学者的研究得出不同的结论。例如，李程和白唯等以演化博弈理论作为基础，构建双重差分模型，使用总资产收益率刻画企业财务绩效，以我国 16 家上市商业银行的数据为样本进行实证分析，研究发现，目前绿色信贷政策的实施对商业银行的绩效存在一定程度的负面影响，通过提高绿色信贷的收益、降低其成本，同时完善激励机制、增强惩处力度，有望降低负面作用，提高商业银行践行绿色信贷政策的积极性。[②] 周再清和马浥浥等使用于晓刚[③]所设计的银行绿色信贷综合表现评价指标体系刻画商业银行的绿色信贷表现，研究发现，银行可以实现改进绿色信贷表现与提升财务绩效的双赢，但短期内绿色信贷表现的优化并不能明显转化为银行财务绩效的提升，该功能的发挥需要一定的时间。[④] 王晓宁和朱广印基于动态博弈模型的研究发现，清退“两高一剩”贷款会对商业银行的盈利能力产生负面影响，实施时间越长，负面作用越小。[⑤] 王晓宁和朱广印将 6 家商业银行分为两类：A 类为绿色信贷的先行银行，包括兴业银行、招商银行、浦发银行；B 类为稍后实施绿色信贷政策的银行，包括中信银行、光大银行和民生银行，研究发现，实施绿色信贷在短期内会对银行的经营效率产生负面影响，但从长期来看，呈现积极的正向作用。[⑥] 谢婷婷和荆影影以 2009—2016 年 12 家上市商业银行（包括 5 家国有控股商业银行和 7 家股份制商业银行）的相关数据作为样本，研究发现，绿色信贷虽然对商业银行整体盈利及中间业务、表

① 高晓燕、高歌：《绿色信贷规模与商业银行竞争力的关系探究》，《经济问题》2018 年第 7 期。

② 李程、白唯等：《绿色信贷政策如何被商业银行有效执行?》，《南方金融》2016 年第 1 期。

③ 于晓刚：《中国银行业环境记录（NGO 报告 2014)》，云南科技出版社 2014 年版，第 3—4 页。

④ 周再清、马浥浥、曾建华：《我国上市银行绿色信贷表现及其财务绩效关联性研究》，《广西财经学院学报》2017 年第 1 期。

⑤ 王晓宁、朱广印：《商业银行实施绿色信贷对盈利能力有影响吗？——基于 12 家商业银行面板数据的分析》，《金融与经济》2017 年第 6 期。

⑥ 王晓宁、朱广印：《绿色信贷规模与商业银行经营效率的关系研究——基于全局主成分法的实证分析》，《金融与经济》2017 年第 11 期。

外业务都具有正向作用，但效果并不显著。①

学者对绿色信贷的研究从最初以定性研究为主逐步过渡到以定量分析的实证检验为主，实证检验的对象由绿色信贷对环境和产业结构升级的影响逐步转移到绿色信贷对商业银行盈利能力的影响，这与实践中绿色信贷业务的推广路线（由政策性银行—国有商业银行—股份制商业银行）相一致。然而，由于学者所选择的研究方法、代理变量、样本对象、样本时间区间等方面的差异，并未就绿色信贷与商业银行业绩表现的相关关系形成一致结论。另外，虽然多数学者的样本中同时包含了国有商业银行和股份制商业银行，但并未就国有商业银行在绿色信贷发展中的特殊功能进行深入识别，本书尝试从国有金融资源的视角切入，探讨国有商业银行在绿色信贷方面所发挥的功能，期望能够为该方向的研究提供补充。

三　绿色保险及其发展的相关分析与研究

20 世纪中期以来，环境污染事件爆发频率不断上升，给相关国家或地区经济社会的发展造成了巨大损失。德国、美国、日本等国家较早采用环境责任险的方式应对环境问题带来的风险。国外学者对绿色保险的研究集中于对环境责任险的发展模式②、责任范围③、具体作用④⑤等方面。我国对绿色保险的探索始于 20 世纪 90 年代，历经近 30 多年的发展，所取得的进展相对有限。本书将从绿色保险的内涵的演变、绿色保险面临的问题以及绿色保险不同参与主体的行为选择与对策等三个方面对现

---

① 谢婷婷、荆影影：《利率市场化、绿色信贷对商业银行利润驱动的实证研究》，《财会研究》2018 年第 4 期。

② Alberto M.，"Environmental Risk and Insurance, a Comparative Analysis of the Role of Insurance in the Management of Environment-related Risks"，OECD Report，2002.

③ Tony S.，"Australian Economic Review: Recent Articles"，*Australian Economic Review*，Vol. 37，No. 4，2004，pp. 1 – 2.

④ Whitmore Adam，"Compulsory Environmental Liability Insurance as a Means of Dealing with Climate Change Risk"，*Energy Policy*，Vol. 28，No. 11，2000，pp. 739 – 741.

⑤ Kuwana K.，"Efficiency of Compulsory Liability Insurance for Environmental Policy: – A Comparison with Pigovian Tax –"，*Hokengakuzasshi*，2007，pp. 1 – 30.

有研究进行梳理，并予以简单述评。

（一）绿色保险的界定及其内涵

早期的学者将绿色保险的内涵限定为环境责任险。① 在此期间，亦有学者从更可持续发展的视角或保险行业绿色发展的视角对绿色保险进行界定。章金萍将绿色保险的内涵由环境责任保险扩展到保险业的经营理念，认为绿色保险是指保险企业将环保意识融入承保和投资两个环节，增强对环保企业的支持。② 吕秀萍和黄华等结合可持续发展理念，从保险行业绿色发展的视角对绿色保险进行了再界定，认为绿色保险是指保险行业在产品开发、宣传推广及服务提供等各个环节，以绿色和可持续发展的理念为指导，进而通过保险行业的绿色发展推动经济社会的可持续发展。③

随着绿色保险研究的深入及实践的进展，学者普遍认为将绿色保险等同于环境污染责任险的定义过于狭窄，试图从广义和狭义两个层面对绿色保险的内涵进行界定。段雅超将绿色保险的内涵界定为：以平滑企业收益为目标，能够通过稳定企业的业绩和现金流来提振投资者信心进而帮助企业融资的保险产品。④ 王文和曹明弟认为广义的绿色保险是指以经济社会活动所引发的环境风险作为标的的一系列保险产品和保险制度安排以及相关的长期治理机制，狭义的绿色保险包括应对环境污染事故的短期保险工具及以气候变化所可能带来的风险为标的的长期保险工具。⑤

（二）绿色保险发展面临问题及对策的定性分析

现有绿色保险的相关研究多为定性研究，学者们通过总结国际经验、

---

① 《“绿色保险”与环境保护》，《中国保险》2001 年第 2 期；阚小冬：《绿色保险的政府角色》，《中国保险》2005 年第 4 期；汪国庆：《搭建中国“绿色保险”制度新平台的设想》，《经济与管理》2009 年第 1 期；王顺庆：《强制绿色保险应成为我国的一项绿色新政》，载《2013 中国环境科学学会学术年会论文集》（第三卷），中国环境科学学会，2013 年。

② 章金萍：《基于经济可持续发展的绿色保险》，《浙江金融》2006 年第 3 期。

③ 吕秀萍、黄华、程万昕、贾建国：《基于可持续发展的绿色保险研究——一个新的视角》，《生产力研究》2011 年第 11 期。

④ 段雅超：《我国新型绿色保险的发展及建议》，《现代管理科学》2017 年第 4 期。

⑤ 王文、曹明弟：《绿色保险护航“一带一路”建设》，《中国金融家》2018 年第 1 期。

地区经验或行业经验，对我国绿色保险面临的制约因素进行识别，并从法律、政策、技术等诸多方面为推进绿色保险的发展提出建议。

蒋旭成和梁才最早总结了美国、德国、日本、巴西四个国家绿色保险发展的经验，建议通过提高企业、社会、政府的环保意识，完善法律保障，实施强制性的环境责任保险制度，设置较高的投保门槛且对未投保企业的环境污染处以高额罚款，创建专门的保险机构，建立与金融机构的联动机制等举措推动我国绿色保险的发展。① 随后，李华友和冯东方以德国和印度为例介绍了强制环境污染责任保险，以美国为例介绍了自愿与强制相结合的环境污染责任保险，总结国外绿色保险的发展经验，发现环境责任保险的范围不断扩大，且强制性保险是未来的发展趋势，而专业化的保险机构及政府部门的支持不可或缺。② 胡海红和刘金章对美国、瑞典、德国、英国等国家绿色保险的实践经验进行总结，建议应完善绿色保险的相关法律法规、严格分步落实《关于环境污染责任保险的指导意见（2007）》并且强化市场化监管。③ 严湘桃总结了美国、德国、法国、日本、印度、巴西等六个国家的经验，发现国际绿色保险呈现以强制保险形式为主、适用范围不断扩大且相对集中、专业化的绿色保险机构及政府的大力支持、差异化的保险费率和赔偿时限等趋势，建议我国从完善相关法律、加大政府扶持力度、建立以强制保险为主、自愿保险为辅的保险模式、科学合理确定费率、加强产品创新、探索绿色保险再保险等多个维度着眼，为我国绿色保险的发展构建相对完善的制度体系。④ 游春、崔君君和张硕新总结国外经验提出与严湘桃类似的结论。⑤

随着我国环境污染责任保险试点工作的开展，学者以长株潭地区、无锡、内蒙古等环境污染责任险试点为例，分析了绿色保险的现状及存

---

① 蒋旭成、梁才：《“绿色保险”的国际经验与借鉴》，《广西金融研究》2008 年第 8 期。

② 李华友、冯东方：《“绿色保险”的国际经验及发展趋势》，《环境经济》2008 年第 9 期。

③ 胡海红、刘金章：《对构建我国“绿色保险”制度的探讨》，《浙江金融》2008 年第 11 期。

④ 严湘桃：《对构建我国“绿色保险”制度的探讨》，《保险研究》2009 年第 10 期。

⑤ 游春：《绿色保险制度建设的国际经验及启示》，《海南金融》2009 年第 3 期；崔君君、张硕新：《论我国的“绿色保险”制度》，《西北林学院学报》2012 年第 3 期。

在的问题，得出与严湘桃类似的建议。① 段雅超以光伏产业的光伏辐照指数保险等新型保险为例，从推广光伏行业新型绿色保险的经验、发挥政府与行业自律组织的功能两个方面，为新能源行业绿色保险的发展提出建议。②

此外，也有学者从生态保护的国家战略与供给侧结构性改革的时代背景着眼，分析绿色保险的功能并为其进一步发展提供建议。徐晓华从建设生态文明的视角对绿色保险的功能、必要性及发展对策进行研究，提升了发展绿色保险的战略意义。③ 陈敬元分析了绿色保险对供给侧结构性改革的意义，以及如何通过优化绿色保险的供给体系推动我国绿色保险的发展。④ 盛和泰亦从供给侧改革的视角阐述了保险业如何通过将生产领域环境成本内部化、将绿色消费的正外部性显性化、利用保险的增信功能和融资机制等途径推动绿色发展，并从完善立法、加强政策支持、整合绿色金融保险服务链等多个方面为绿色保险的发展提出建议。⑤

（三）对绿色保险参与主体的行为分析

李敏和王仁祥等构建基于完全信息的静态博弈模型，对排污企业和环境监管部门的选择策略进行分析，发现投保成本过高会抑制排污企业购买绿色保险的积极性，适当降低绿色保险的成本并加强多方合作是推动绿色保险发展的有效路径，但博弈主体的选择未包括保险机构，导致其研究结论的参考价值有限。⑥ 邵传林和雒玉箫通过构建动态博弈模型，模拟了绿色保险市场上投保企业、保险机构、监督机构及银行的行为选择，并以甘肃省落实环保责任保险的实践作为案例，从企业环保意识不

---

① 何燕、陈真帅：《绿色保险实施中的障碍与对策》，《环境经济》2010 年第 10 期；姜妮、杨奕萍：《立足环境风险管理，打造绿色保险无锡模式——访无锡市环境保护局副局长王晓栋》，《环境经济》2013 年第 8 期；魏再晨：《绿色保险保护绿色生态》，《中国金融家》2016 年第 11 期。

② 段雅超：《我国新型绿色保险的发展及建议》，《现代管理科学》2017 年第 4 期。

③ 徐晓华：《绿色保险与生态文明建设》，《光明日报》2013 年 9 月 9 日第 13 版。

④ 陈敬元：《发展绿色保险的思路与对策》，《南方金融》2016 年第 9 期。

⑤ 盛和泰：《供给侧改革视角下保险助力推动绿色转型升级》，《清华金融评论》2017 年第 7 期。

⑥ 李敏、王仁祥、赵春艳：《“绿色保险”主体间的纳什均衡博弈》，《财会月刊》2009 年第 6 期。

足、投保成本过高、市场不同主体之间合作意识及机制的缺失、信息披露机制不健全、法律法规及政策制度安排不完善五个方面分析其存在的问题，建议通过成立政策性再保险公司等方式增强保险机构的风险承受能力，通过增强企业的环保意识、提升信息透明度及在环境风险预警、评估与防控中的能力建设，降低企业的投保成本，健全法律法规、优化政策支持、强化监管力度等举措，为绿色保险市场的发展创建良好的环境。①

顾雪松和谢妍等基于效用理论，对污染企业的行为进行理论分析，以无锡市绿色保险的实践为案例，研究发现降低投保成本、优化绿色保险的定价机制、完善政府职能能够提升企业的投保意愿。②

现有学者对绿色保险的研究历经了从狭义到广义，从定性的经验借鉴与相对宽泛的定性论述为主到逐步融入量化分析的因素。现有研究表明，现阶段我国绿色保险的发展离不开政府的支持。本书将在现有研究的基础之上，重点从融资机制和市场孵化机制两个维度分析国有金融推动绿色保险发展的路径，按照宏观、中观、微观的层次划分，分析我国绿色保险发展中面临的问题，并从不同参与主体的角度提出具有可操作性的政策建议。

四　绿色债券设计及其市场发展的研究

全球绿色债券发行的爆发式增长始于 2013 年。相关统计数据显示，2013 年与 2014 年绿色债券发行规模分别达到 110.42 亿美元和 365.93 亿美元，二者之和相当于 2007 年以来绿色债券发行量的 80%。③ 2014 年，中广核风电有限公司发行的附加碳收益的中期票据，被视为我国绿色债券的雏形。林龙跃和崔雪莱等分析了这只碳债券推出的背景、产品结构

① 邵传林、雒玉箫：《动态博弈视角下绿色保险发展的背景、动因及政策支持研究》，《北京化工大学学报》（社会科学版）2018 年第 2 期。

② 顾雪松、谢妍、秦涛：《绿色保险支付意愿的影响因素研究——以江苏省无锡市为例》，《北京林业大学学报》（社会科学版）2016 年第 3 期。

③ 王遥、曹畅：《绿色债券发展的五个关键点》，《21 世纪经济报道》2015 年 6 月 29 日第 17 版。

等要素，阐明了其对开发碳市场远期产品以及推进金融资源绿色化配置的深远意义。①

国内学者对绿色债券的广泛关注始于2015年。由于国内绿色债券尚处于探索阶段，学者的研究主要集中于对国外经验的借鉴，对国内现状及问题的分析、对发展前景的展望等方面。

（一）我国绿色债券发展初步构想

关于我国绿色债券市场的发展，曹明弟和王文最早从我国绿色发展的需求及债券市场的规模、结构着眼，建议明确绿色债券的内涵，通过在中国金融学会绿色金融专业委员会下设“绿色债券市场发展委员会”，作为一个专门的实体落实监督绿色债券相关标准的落实，构建多方参与的第三方核查体系，同时，从市政债券、公司债券、信息披露、投资者培育等多个方面强化绿色债券与当前债券市场的协调发展。② 王遥和曹畅亦从绿色项目的界定标准、绿色债券的产品结构、资金的投向、款项管理、绿色债券的第三方认证以及配套的政策支持六个方面对我国绿色债券的现状进行分析并提出建议。③

（二）绿色债券市场发展国际经验的借鉴与国内外市场的比较

关于对国际经验的借鉴与总结，肖应博较早展开较为全面细致的研究，发现绿色债券发行主体及其产品类型不断多元化，且资金投向相对比较集中，而开发性金融是绿色债券市场的重要参与者，建议我国加快构建绿色项目评定标准与核算体系、绿色债券评级标准、信息披露机制、完善配套政策安排，并充分发挥开发性金融的功能。④ 秦绪红亦从参与主体、风险防控、配套的激励机制、信息披露机制等方面对美国、英国、德国和瑞典等国家的经验进行总结，建议我国构建绿色债券发行机构评

---

① 林龙跃、崔雪莱、黄佳妮：《创新绿色债券助推低碳经济——国内首只附加碳收益中期票据案例分析》，《金融市场研究》2014年第6期。

② 曹明弟、王文：《绿色债券发展前景》，《中国金融》2015年第10期。

③ 王遥、曹畅：《绿色债券发展的五个关键点》，《21世纪经济报道》2015年6月29日第17版。

④ 肖应博：《国外绿色债券发展研究及对我国的启示》，《开发性金融研究》2015年第4期。

级标准，利用税收、贴息、货币政策优惠等方式健全激励机制，提高投资者和发行人的积极性，同时健全信息披露制度与其他监管制度，为绿色债券的发展创造良好的市场环境。[①] 王遥和曹畅从发行主体、投资者、债券期限、发行货币等维度对国际绿色债券的发展进行了归纳总结，针对我国处于起步阶段的绿色债券市场，建议明确绿色项目的界定、实行募集资金专户管理、发展第三方认证、出台税收减免等激励政策。[②]

2016 年，我国绿色债券发行规模跃居全球首位。学者们的研究视角从单纯的国际经验的借鉴，转移到对国内外绿色债券发展的比较，以及对我国绿色债券发展现状的深层次分析。金佳宇和韩立岩以 2007 年至 2015 年全球发行的 272 只绿色债券为样本，从发行行业、发行国家（发达国家、新兴经济体）、风险特征（流动性风险、违约风险和项目风险、政治风险和环境风险）三个方面对绿色债券进行分析，发现绿色债券具有公共物品的属性，较多投向基础设施和新能源领域，与传统债券类型相比，绿色债券的信用等级相对较高、流动性风险、环境风险、违约风险相对较小，建议中央和地方政府参与绿色债券的发行，将绿色债券作为国际资产配置的对象，同时加强对募集资金使用的第三方审计。[③] 与此同时，万志宏和曾刚对国际绿色债券的规模、资金投向、参与主体、产品类型和期限结构等现状进行了分析，从政府和市场两个方面总结了国际绿色债券发展的经验，认为政府部门自上而下提供的全方位的扶持、在债券发行方面的示范效应、税收减免与利息补贴等优惠政策以及环境责任的明确和信息披露制度的建立推动了绿色债券的发展，市场主体自下而上在绿色债券的准则、评估、信息披露等方面亦贡献了力量，建议中国发挥政府与市场的合力，借鉴银监会对绿色信贷的定义，参考气候债券组织（CBI）的标准，由官方机构对绿色债券、绿色项目给予明确界定，同时完善第三方认证，充分发挥第二意见的功能，健全监督机制，

① 秦绪红：《发达国家推进绿色债券发展的主要做法及对我国的启示》，《金融理论与实践》2015 年第 12 期。

② 王遥、曹畅：《推动绿色债券发展》，《中国金融》2015 年第 20 期。

③ 金佳宇、韩立岩：《国际绿色债券的发展趋势与风险特征》，《国际金融研究》2016 年第 11 期。

鼓励中介机构开展环境与绿色评级。[①] 詹小颖从发行规模、发行主体、中介机构与募集资金投向四个方面对国际绿色债券的发展进行总结，针对我国在制度方面存在多重矛盾、认证及信息披露机制缺失、市场参与度低等问题，建议我国健全认证和信息披露制度、制定并完善扶持政策，加强产品创新并积极培育绿色投资者，以碳交易为切入点，探索绿色债券与碳交易的协同发展。[②] 巴曙松和丛钰佳等通过对比国内外绿色债券发展的现状，基于效用最大化模型对绿色债券的特性及相关政策对政府、发行人以及投资者等相关主体的影响，发现我国自上而下稳步推进的国家标准、国企的推动等因素是推动我国绿色债券迅速发展的主导因素。[③]

王遥和史英哲等结合《绿色债券项目支持目录（2015 年版）》（中国金融学会绿色金融专业委员会，2015）对 2015 年发行的债券进行分析，发现我国绿色债券的发行主体相对集中且以非上市公司和国企为主，募集资金主要投向清洁交通和清洁能源，产品品种以短融、政府支持机构债券和中票为主，发行利率普遍低于非绿色债券，主要在银行间市场以公募方式发行。建议加强对募集资金投向的信息披露，使用资产证券化的方式盘活绿色资产，探索用绿色债券替换贷款以及短期绿色债券替换长期债务的方案解决资金困难，同时为民营企业发行绿色债券提供支持。[④]

鲁政委和汤维祺补充了维护债券估值逻辑的视角，建议明确划分公益性绿色项目和收益性绿色项目的界限，避免对收益性绿色项目的过度补贴，造成债券市场估值的扭曲。[⑤] 安国俊则从设立担保基金、鼓励在海外市场发行绿色债券等多个方面为学者现有的建议提供了补充。[⑥] 魏诗博、王文和曹明弟分别从助推传统制造业升级、推进“一带一路”建设

① 万志宏、曾刚：《国际绿色债券市场：现状、经验与启示》，《金融论坛》2016 年第 2 期。

② 詹小颖：《绿色债券发展的国际经验及我国的对策》，《经济纵横》2016 年第 8 期。

③ 巴曙松、丛钰佳、朱伟豪：《绿色债券理论与中国市场发展分析》，《杭州师范大学学报》（社会科学版）2019 年第 1 期。

④ 王遥、史英哲、李勐：《绿色债券发行市场》，《中国金融》2016 年第 16 期。

⑤ 鲁政委、汤维祺：《发展绿色债券正当其时》，《清华金融评论》2016 年第 5 期。

⑥ 安国俊：《绿色债券的国际经验及中国实践》，《债券》2016 年第 7 期。

的视角对现有研究进行了补充。[①]

（三）关于推进我国绿色债券发展的深层次研究

随着研究的进一步深入，学者们的关注点转而从大而全的绿色债券市场体系建设聚焦到单一的绿色债券标准界定、评估制度、信息披露制度、第三方认证及投资者培育等。

针对绿色债券标准的界定，王遥和徐楠从我国发展绿色债券的必要性和可行性切入，对比分析了国内外绿色债券标准的差异，建议统一绿色债券的界定和绿色项目的分类，统一信息披露标准，加强绿色认证，出台激励扶持政策并加强对资金使用的监管。[②] 陆文钦和王遥从编制原则与实践意义等方面对《中国绿色债券项目支持目录（2015 年版）》进行了介绍。[③] 李钊和邓睦军等通过对比分析国内外绿色债券市场的标准和发展现状，建议通过完善绿色项目的认证体系、构建多层次的绿色债券市场体系、健全资金管理和信息披露机制、建立第三方认证的准入标准以及吸引国际资本等途径，推进我国绿色债券市场及跨境绿色投资的发展。[④]

针对绿色债券市场的信息披露，俞春江和李睿对我国绿色债券市场信息披露的现状和问题进行了定性分析，并提出了相关建议。[⑤] 曲政鸿以沪深 A 股债券市场 302 组绿色债券为样本，通过采取内容分析法构建环境信息披露指数，采用信用利差模型测算债券融资成本，进而对环境信息披露与债券融资成本之间的关系进行实证检验，发现二者之间显著负相关，即企业环境信息披露程度越高，其债券融资成本越低，对传导路径的进一步分析显示，环境信息披露主要是通过提高债券流动性、降低投资者风险预期两个维度促进融资成本的降低。[⑥] 陈志峰从明确信息披露

---

① 魏诗博：《绿色债券助力传统制造业转型升级之路》，《征信》2017 年第 5 期；王文、曹明弟：《标准化绿色债券推进“一带一路”建设》，《中国金融家》2017 年第 5 期。

② 王遥、徐楠：《中国绿色债券发展及中外标准比较研究》，《金融论坛》2016 年第 2 期。

③ 陆文钦、王遥：《明确界定绿色债券项目》，《中国金融》2016 年第 6 期。

④ 李钊、邓睦军、周飞：《绿色债券市场与跨境投资研究》，《西南金融》2017 年第 5 期。

⑤ 俞春江、李睿：《我国绿色债券信息披露现状及建议》，《债券》2017 年第 9 期。

⑥ 曲政鸿：《环境信息披露质量对绿色债券融资成本的影响研究》，硕士学位论文，哈尔滨工业大学，2017 年。

的强制性与标准的统一性、明确环境效率的测算标准以及优化第三方认证等方面提出了完善绿色债券环境信息披露的具体路径。①

针对绿色债券的评估制度和第三方认证，王遥和曹畅专门针对绿色债券市场第三方认证的现状进行研究，发现我国绿色债券的认证存在方法不统一、标准不统一且过分依赖国际认证机构等现实问题，建议通过培育和扶持本土认证机构、出台官方的行业性标准文件等措施推动我国绿色债券第三方认证市场的发展。② 曹媛媛和刘松涛等借鉴绿色债券评估认证的国际经验，建议针对评估机构建立市场化的“优胜劣汰，有进有退”的管理机制，对发行前和债券存续期间的状况按照统一的格式和业务规范，开展持续性评估。③ 霍志辉和聂玉玲等、葛新锋亦对第三方认证与评估进行研究，并得出相似结论。④ 郑秀君在传统信用评级因素的基础之上加入对环境因素、互联网因素的考量，构建了适用于绿色债券的综合信用评级指标体系，建议利用大数据、云计算等技术搭建绿色债券综合信用评级云平台，有效发挥信用评级的功能。⑤ 朱培金基于熵指标法构建了绿色债券的评估体系，为我国绿色债券的发展提供了参考。⑥ 高晓燕和纪文鹏进一步使用 2016 年 4 月至 2018 年 4 月发行的 79 只绿色债券作为样本，基于熵值法构建绿色债券发行主体的财务评价指数并进一步识别其影响因子，发现第三方认证对绿色债券发行信用利差的影响并不显著，建议规范统一绿色债券的认证制度。⑦

① 陈志峰：《我国绿色债券环境信息披露的完善路径分析》，《环境保护》2019 年第 1 期。

② 王遥、曹畅：《中国绿色债券第三方认证的现状与前景》，《环境保护》2016 年第 19 期。

③ 曹媛媛、刘松涛、刘煜珅：《中国绿色债券评估认证制度》，《中国金融》2017 年第 14 期。

④ 霍志辉、聂玉玲、王云鹤：《建立健全绿色债券第三方认证或评估机构》，《中国银行业》2017 年第 1 期；葛新锋：《我国绿色债券第三方认证情况及发展建议》，《金融纵横》2017 年第 8 期。

⑤ 郑秀君：《基于互联网金融指标和环境效益指标的绿色债券综合信用评级研究》，《征信》2017 年第 10 期。

⑥ 朱培金：《绿色债券评估体系研究——基于熵指标法的研究》，《浙江金融》2017 年第 3 期。

⑦ 高晓燕、纪文鹏：《绿色债券的发行人特性与发行信用利差》，《财经科学》2018 年第 11 期。

针对绿色债券发行利率折价的现象，姚明龙以2016年信息披露相对健全的48家公司发行的绿色债券为样本，对绿色债券发行利率低于非绿色债券的影响因素进行了实证分析，在王遥和史英哲等以政府信用背书作为归因的基础之上，从发行规模、发行期限、企业注册资本与净资产收益率以及市场利率等方面进行了补充。建议我国侧重于长期绿色债券的发行，放松发行的限制性举措，加强并细化监管要求，循序渐进地推进绿色债券的发展。[①]

针对投资者培育，周愈博以社会责任投资理论为基础，分析了绿色债券投资者的投资策略，建议发挥政府和市场的合力，由政府采取设立引导基金、优化投资环境、加强宣传教育等措施，市场提供正、负两个方向的筛选策略，推动我国绿色债券投资者的培育，改善当前以银行为主导的局面。[②]

此外，还有学者从上海[③]、甘肃[④]等地绿色债券的实践或主权绿色债券[⑤]的视角进行研究。

现有相关研究表明，现阶段我国绿色债券市场的发展需要发挥政府和市场的合力，本书将以此为基础，从国有金融推动绿色债券发展的动力、可行性及机制方面切入，以绿色债券规模、发行主体等数据为样本，对国有金融在绿色债券市场发展中的功能进行检验。

五　绿色基金及其发展的相关研究

自20世纪80年代初，美国设立第一只将环境绩效纳入考核标准的绿色投资基金 Calvert Balanced Portfolio A 之后，绿色基金被视为绿色金融体系的重要组成部分，得到了广泛的关注。根据投资领域的不同，绿色基

---

① 姚明龙：《绿色债券发行利率折价因素实证分析》，《浙江金融》2017年第8期。

② 周愈博：《基于社会责任投资理论的绿色债券投资者建设研究》，《财会通讯》2017年第23期。

③ 刘瀚斌、李志青：《绿色债券的上海经验》，《环境经济》2017年第13期。

④ 刘子禹：《省域视角下的绿色债券动力研究——以甘肃省为例》，《现代商贸工业》2017年第31期。

⑤ 陈霞、许松涛：《国外主权绿色债券特征及启示研究》，《金融发展研究》2018年第1期。

金又可以进一步细分为绿色气候基金、绿色碳基金、绿色产业基金等。

（一）关于绿色基金的界定

国外学者并未明确使用“Green Fund”，更多是从社会责任投资（Social Responsibility Investment，SRI）的视角进行研究。①

在国内，柯蒂斯·迈纳和梁小青在1994年较早引入了绿色基金的概念。柯蒂斯·迈纳和梁小青以1990年11月由世界银行、联合国开发计划署和环境署共同设立的全球环境基金会——绿色基金为例，分析了绿色基金在应对环境与气候问题的重要性及面临的争议，此时的绿色基金投资领域主要包括全球变暖、臭氧层保护、生物多样性保护以及全球水资源保护。其控制的基金包括三种：全球环境托管基金、臭氧层保护信托基金、有关政府提供的资金。② 随后，国内学者对绿色基金的研究主要集中于绿色技术开发基金、绿色碳基金、环保产业基金、绿色气候基金、绿色投资基金、绿色（发展）基金等多个方面。

关于绿色技术开发基金，俞国平建议采取风险分担的原则建立不以营利为目的的绿色技术开发基金用于支持绿色发展，提出从长期社会收益、生态收益的视角将政府投入理解为投资的新理念。③ 但其对绿色技术开发基金仅提供短期贷款的设计，难以契合绿色技术的研发需求。

关于绿色碳基金，早期学者将其内涵限定为碳汇基金。李怒云和宋维明等追溯了中国绿色碳基金的渊源，分析了其运作与管理的现状，建议通过加强立法、健全财政支持举措、设立独立的技术支撑等方式推动绿色碳基金的发展。④ 支玲和文冰等对国际和国内绿色碳基金发展的现状

---

① Michael C. Jensen，“Agency Costs of Overvalued Equity and the Current State of Corporate Finance”，*European Financial Management*，Vol. 10，No. 4，2004，pp. 549 – 565；Luc Renneboog，Jenketer Horst，Chendi Zhang，“The Priceof Ethics and Stakeholder Governance：The Performanceof Socially Responsible Mutual Funds”，*Journal of Corporate Finance*，Vol. 14，No. 3，2008，pp. 302 – 322；Nainggolan Y.，How J.，Verhoeven P.，“Ethical Screening and Financial Performance：The Case of Islamic Equity Funds”，*Journal of Business Ethics*，Vol. 137，No. 1，2016，pp. 83 – 99.

② 柯蒂斯·迈纳、梁小青：《绿色基金》，《中山大学研究生学刊》（社会科学版）1994年第1期。

③ 俞国平：《建立绿色技术开发基金的方案设计》，《科技进步与对策》2006年第4期。

④ 李怒云、宋维明、何宇：《中国绿色碳基金的创建与运营》，《林业经济》2007年第7期。

进行分析，发现绿色碳基金的资金来源渠道主要包括国家出资、吸收国外资金、企业投资、个人出资、征收温室气体排放税和发行生态彩票等，建议通过加强宣传增强认知、健全制度设计、积极参与国际 CDM 项目等举措发展碳汇市场。[①]

关于环保产业基金，蓝虹和任子平从新常态下环保产业对经济结构转型的重要意义及面临的资金需求切入，对比分析了 PPP 环保产业基金与传统金融性基金在项目筛选、收益来源、运营目标及管理方式等多个方面存在的差异，建议通过绿色金融体系的全面创新，推动 PPP 环保产业基金的发展及功能的发挥。[②]

关于绿色气候基金，自《哥本哈根协议》（2009）提出，《坎昆协议》（2010）确定之后，虽获得较大的关注，但进展迟缓。学者们从融资模式、责任分摊机制及其分配方式等方面对绿色气候基金进行了深入研究。徐桂兰和李诗韵梳理了绿色气候基金提议、启动的背景及现状与问题，建议利用发达国家在 IMF 的配额，初期在 COP 体制之内或有 COP 授权设立运作实体，而后可以在 COP 体制外设立独立的运作实体。[③] 李宗录先后对使用特别提款权、金融交易税、碳税、配额拍卖等为绿色气候基金融资的模式进行了详细阐述，重点分析了“发达国家使用特别提款权作为初始资本，进而以初始资本为基础在全球资本市场发行绿色证券，吸引社会资本和私人资本进入”的模式，对该融资机制的优势及面临的争论给予述评。[④] 崔连标和宋马林分别对全球绿色气候基金的五种潜在的融资分摊机制（基于历史责任的分摊机制、基于支付能力的分摊机制、借鉴联合国会费分摊的方案、借鉴官方发展援助计划的分摊方案、全球环境基金的分摊方案），并以投票理论为基础，对五种不同的潜在方案进

---

① 支玲、文冰、王振、徐玉龙、彭小花：《中国绿色碳基金发展现状及对策》，《世界林业研究》2009 年第 1 期。

② 蓝虹、任子平：《建构以 PPP 环保产业基金为基础的绿色金融创新体系》，《环境保护》2015 年第 8 期。

③ 徐桂兰、李诗韵：《“绿色气候基金”启动及运作模式思考》，《时代金融》2012 年第 36 期。

④ 李宗录：《绿色气候基金基于特别提款权的融资构想评析》，《河南社会科学》2013 年第 1 期；《绿色气候基金融资的正当性标准与创新性来源》，《法学评论》2014 年第 3 期。

行加权，构建了全新的PSC（Preference score compromises）分摊体系，为全国绿色气候基金的设立与运营提供了参考。① 崔连标和朱磊等以绿色气候基金的分配原则为对象，通过构建环境版的全球贸易分析模型，模拟不同分配方式对各国经济及福利的影响，研究发现，基于减排贡献进行基金分配，其功能发挥受制于基金规模的大小，按照初期100亿和1000亿美元的基金总量规划，能够分别推动发展中国家实现减排14.7亿吨二氧化碳和31.8亿吨二氧化碳。② 龚雨菡回顾了绿色气候基金的产生与发展，分析了绿色气候基金在资金来源渠道及属性、资金分配方面存在的问题，建议以公共资金为主要来源、加强对资金的监管、确保资金公平分配。③ 沈绿野和杨璞分析了全球绿色气候基金长期资金来源面临的问题及其深层次成因，建议通过为发达国家设置履约时间表、创建多样化的资金来源渠道、优化筹资责任的分摊方案、为履约提供担保机制等方法，推动全球气候基金的落地。④ 齐婉婉从环境公平理论和环境因素的整体性理论两个方面分析了绿色气候基金的理论基础，从基金的资金来源、基金的分配原则等多个方面为推动绿色气候基金的落实提出了建议。⑤

关于绿色投资基金，蒋华雄和谢双玉将绿色投资基金界定为以社会责任投资理论为基础，以经济与生态的协调发展为目标，仅考虑或者部分考虑以企业环境绩效作为投资标的筛选标准的基金。通过分析美国、日本及西欧等国家与地区绿色投资基金的历程与现状，发现绿色投资基金存在资金来源广、投资项目多样、业绩表现好、收益形式多样等特点，我国由于仍以经济利益为导向、责任投资意识较弱、金融市场不完善等原因，绿色投资基金发展较慢。建议我国通过增强绿色投资意识、建立

① 崔连标、宋马林、朱磊、范英：《全球绿色气候基金融资责任分摊机制研究——一种兼顾责任与能力的视角》，《财经研究》2015年第3期。

② 崔连标、朱磊、范英：《基于碳减排贡献原则的绿色气候基金分配研究》，《中国人口·资源与环境》2014年第1期。

③ 龚雨菡：《绿色气候基金的资金问题探讨》，《法制与社会》2016年第9期。

④ 沈绿野、杨璞：《浅析绿色气候基金长期资金的来源模式》，《经济研究导刊》2017年第6期。

⑤ 齐婉婉：《绿色气候基金法律问题研究》，《学理论》2018年第4期。

并完善绿色投资绩效评价体系、发挥非政府组织的功能等多种途径推进我国绿色投资基金的发展。①

关于绿色（发展）基金，安国俊回顾了美国、英国及中国绿色基金发展的历程，认为我国绿色基金的发展前景广阔，建议通过加强政府与社会资本的合作，以PPP模式构建绿色基金，通过细化相关扶持政策、以银行贷款、资产证券化、企业债等多种方式扩大基金的资金来源、设立绿色担保基金等多种途径，为绿色基金的发展壮大提供保障。② 常兆春对国外通过放宽市场准入、税负减免、优化治理机构、确保绿色投向、创建交流平台、健全信息披露制度、拓展投融资渠道、专业化的基金管理等方式推动绿色基金发展的经验进行总结，结合内蒙古绿色基金发展的现状，建议通过扩大投融资渠道、完善配套扶持政策等方式推动我国绿色基金的落地和发展。③ 朱晋和赵燕认为目前绿色产业基金的发展模式主要包括四种：其一是行业内高新技术企业与政府引导基金合作；其二是由大型央企牵头设立；其三是由金融机构与业内知名企业合作；其四是PPP模式。建议金融机构通过加强与业内知名企业合作、参与政府引导基金及其设立的母基金、发行绿色债券、创新退出模式及借力“一带一路”等方式，推动绿色基金的发展。④ 苏丹和姚林华等将绿色基金分为交易所环保主题基金、环保产业并购基金、PPP模式环保产业基金三大类，通过借鉴内蒙古自治区环保基金、湖北省长江经济带产业基金的经验，建议通过建立健全绿色基金体系，应对广西壮族自治区绿色基金发展中面临的明股实债、产业引导政策与资本市场脱节等诸多难题。⑤ 梁刚

① 蒋华雄、谢双玉：《国外绿色投资基金的发展现状及其对中国的启示》，《兰州商学院学报》2012年第5期。

② 安国俊：《绿色基金：政府与社会资本合力推动绿色发展》，《金融时报》2016年8月25日第2版；《绿色基金发展的国际借鉴》，《中国金融》2016年第16期；《绿色基金如何驱动绿色发展》，《银行家》2016年第10期；《我国绿色基金发展前景广阔》，《银行家》2017年第8期。

③ 常兆春：《国外推动绿色发展基金的经验及对内蒙古的借鉴和启示》，《北方经济》2017年第11期。

④ 朱晋、赵燕：《绿色产业基金的发展模式与发展策略》，《银行家》2017年第7期。

⑤ 苏丹、姚林华、邹博清：《构建绿色基金体系支持绿色经济发展的思路及建议》，《区域金融研究》2018年第5期。

和蒋励佳等以南宁市竹排江上游植物园段那考河流域治理 PPP 项目为例，分析了 PPP 绿色基金存在的问题，建议从加强政府与绿色基金之间的相互约束、完善中央与地方政府的扶持政策、宣传责任投资理念、构建绿色发展指数等方面着眼推动 PPP 模式绿色基金的开展。①

（二）关于绿色基金多维度拓展发展的研究

绿色基金既包括新设立的基金，也包括传统基金投资行为的绿色化。陈志国和杨甜婕等以养老基金为例，从法律约束与监管要求、自身践行社会责任、声誉效应及风险分散化的需求等多个方面分析养老基金进行绿色投资的动机，通过构建模型检验新能源投资对养老基金投资收益率及风险的影响，建议政府优化养老基金绿色投资的环境，养老基金宜坚持间接投资为主导、直接投资为辅助的投资策略，现阶段更多投资浅绿项目。② 包学雄和朱文玉从绿色投资的内涵、可行性及必要性切入，分析了社保基金在绿色投资中面临的问题，建议从借鉴国际经验、加强政策激励、发挥非政府组织的作用、打破以短期经济利益为唯一追求的既定逻辑等多个方面进行改进，推动社会基金绿色投资的开展。③ 朱宇和刘爽从养老基金、绿色投资、第二次人口红利三者之间的关系着眼，通过构建多元线性回归模型，研究发现，我国养老基金能够通过加大绿色投资抓住第二次人口红利的契机，推动绿色经济的发展，但目前过于依赖财政资金的现状制约了其功能的发挥，相关立法及扶持政策的缺位、责任投资意识的淡薄等是亟须解决的关键问题。④

伴随着绿色基金发展的深入，学者的研究从早期的定性方面的分析转变为对绿色基金收益和风险的检测，危平和舒浩选择 22 只绿色基金作为样本，对比了绿色基金与传统非绿色基金的直接收益、基于单因素和

① 梁刚、蒋励佳、姚登程、莫丽茵、陈红：《绿色基金助力 PPP 模式发展研究》，《中国市场》2018 年第 5 期。

② 陈志国、杨甜婕、张弛：《养老基金绿色投资组合分析与投资策略》，《保险研究》2014 年第 6 期。

③ 包学雄、朱文玉：《社会保障基金的“绿色投资”路径探究——以森林投资为例》，《福建林业科技》2014 年第 4 期。

④ 朱宇、刘爽：《中国第二次人口红利的潜在助力——基于养老保险基金的绿色投资可行性探讨》，《郑州大学学报》（哲学社会科学版）2017 年第 3 期。

Carhart 四因素模型的风险调整收益，发现绿色基金的投资表现显著低于传统非绿色基金，且绿色基金投资者对风险的敏感度较低。[①] 高宏霞和陈文星等以 30 只绿色基金作为样本的实证检验亦得出相似的结论，即大部分基金并未取得超额收益。基于夏普模型进行岭回归分析来判定基金的真实风格，使用 Fama-French 三因子模型来进一步挖掘绿色基金绩效表现不佳的成因，发现市场、规模和账面市值比均能解释绿色基金的绩效，且基金倾向于投资中小盘股成长股，系统性风险较大。[②]

现有学者对绿色基金及其发展的研究，经历了内涵上从狭义到广义、方法上从定性到定量的演变，本书将在现有研究的基础之上，分析如何发挥国有金融资源的功能，兼顾环境效益和经济效益，推动绿色基金的发展与升级，进而通过有效的投融资渠道推动绿色经济的发展。

六 碳市场有效性相关研究

碳市场是利用市场交易机制将企业环境维度的负外部性内部化。2005 年启动并运行至今的 EU ETS 是全球规模较大且相对成熟的排放交易体系，为我国碳排放交易制度的探索提供了借鉴。2011 年，我国在北京、上海、天津、重庆、湖北、深圳、广州七个地区设立碳排放交易试点，随后在 2013 年 6 月至 2014 年 6 月期间，深圳、上海、北京、天津、广东、湖北、重庆陆续正式开始碳交易，一直运行至今。2017 年 12 月，国务院发布《全国碳排放权交易市场建设方案（发电行业）》，开启了我国全国性碳市场的建设。在全球碳市场十余年的发展历程中，对其有效性的研究与争论一致延续至今。

现有学者对碳市场有效性的研究大致可以划分为两类，其一是关于碳市场本身是否有效的检验，本书将其归纳为碳市场的内部有效性；其二是关于碳市场对节能减排、降低减排成本及企业行为的影响，本书将

---

① 危平、舒浩：《中国资本市场对绿色投资认可吗？——基于绿色基金的分析》，《财经研究》2018 年第 5 期。

② 高宏霞、陈文星、孟樊俊：《我国绿色证券投资基金绩效归因的实证研究》，《甘肃金融》2018 年第 6 期。

其归纳为碳市场的外部有效性。国外学者对碳市场有效性的研究较多以EU ETS为对象，Harri Laurikka和Tiina Koljonen、Karoline S. Rogge和Volker H. Hoffmann分别以芬兰和德国的电力部门为例，研究了EU ETS对企业投资的影响。[①] Anders Sandoff和Gabriela Schaad研究发现，瑞典参与碳交易的部门对减排的关注与EU ETS的实行没有太大关联。[②] Lars H. Gulbrandsen和Christian Stenqvist以瑞典和挪威的两家造纸企业为例，研究发现EU ETS并未推动企业寻求创新的、低碳的方案。[③] Francesca Bonenti和Giorgia Oggioni等研究了EU ETS对意大利电力市场的利润、投资以及价格的影响。[④] Andreas Löschel和Benjamin Johannes Lutz等使用倍差法研究发现，EU ETS并未对德国制造业的经济效益产生显著的负面影响，反而在第一阶段促进了后者经济效益的提高。[⑤] Sara Segura和Luis Ferruz等以西班牙参与EU ETS的公司为样本，研究发现EU ETS的环境效益和经济效益呈现阶段性特征，其环境效益显著，但在引导企业绿色投资方面存在不足。[⑥] 国内亦有学者对EU ETS的有效

---

① Laurikka H. , Koljonen T. , "Emissions Trading and Investment Decisions in the Power Sector—a Case Study in Finland", *Energy Policy*, Vol. 34, No. 9, 2006, pp. 1063 – 1074; Rogge K. S. , Hoffmann V. H. , "The Impact of the EU ETS on the Sectoral Innovation System for Power Generation Technologies – Findings for Germany", *Energy Policy*, Vol. 38, No. 12, 2009, pp. 7639 – 7652.

② Sandoff A. , Schaad G. , "Does EU ETS Lead to Emission Reductions Through Trade? The Case of the Swedish Emissions Trading Sector Participants", *Energy Policy*, Vol. 37, No. 10, 2009, pp. 3967 – 3977.

③ Gulbrandsen L. H. , Stenqvist C. , "The Limited Effect of EU Emissions Trading on Corporate Climate Strategies: Comparison of a Swedish and a Norwegian Pulp and Paper Company", *Energy Policy*, Vol. 56, No. 5, 2013, pp. 516 – 525.

④ Bonenti F. , Oggioni G. , Allevi E. , et al. , "Evaluating the EU ETS Impacts on Profits, Investments and Prices of the Italian Electricity Market", *Energy Policy*, Vol. 59, No. 59, 2013, pp. 242 – 256.

⑤ Löschel A. , Lutz B. J. , Managi S. , "The Impacts of the EU ETS on Efficiency and Economic Performance – An Empirical Analyses for German Manufacturing Firms", *Resource & Energy Economics*, 2018.

⑥ Segura S. , Ferruz L. , Gargallo P. , et al. , "Environmental Versus Economic Performance in the EU ETS from the Point of View of Policy Makers: A Statistical Analysis Based on Copulas", *Journal of Cleaner Production*, Vol. 176, No. 3, 2018, pp. 1111 – 1132.

性进行研究。[①]

本书将从内部有效性和外部有效性两个视角，重点对以中国碳市场为对象的研究进行梳理和归纳。

（一）碳市场的内部有效性

对于市场本身的有效性，张颖和舒相军使用埃奇沃斯盒形图识别排放权交易制度有效性的影响因子，进而从市场投机性、监督有效性、环保产品创新速度和政策弹性四个方面构建了排污权交易有效性的评价指标体系，并以美国排放权交易政策演进的有效性进行了评估。[②] 安丽和赵国杰进一步拓展了张颖和舒相军的研究，使用规范的模糊综合评判法对排放权交易的有效性进行评价。[③] 孙欣和张可蒙等从法律法规、交易体系、政府监管以及交易制度执行效果等四个方面为评估排放权交易制度的有效性构建了指标体系。[④]

在实证检验方面，王倩和王硕较早使用单位根检验和方差比率法对深圳、上海、北京、天津碳排放交易市场的有效性进行研究，发现上海、北京碳市场有效，而深圳、天津碳市场无效。建议以减排作为终极目标，不宜引入个人投资人以控制市场的投机性，通过增强企业对碳市场的认知及建立健全碳市场的顶层设计等方式，提升碳市场的有效性。[⑤] 王扬雷和杜莉以分形理论为基础，对北京碳交易试点的有效性进行研究，发现北京碳市场并未达到弱势有效的水平，建议通过完善相关政策、扩大覆

---

① 唐葆君、申程：《欧洲二氧化碳期货市场有效性分析》，《北京理工大学学报》（社会科学版）2012 年第 1 期；周利、杜劲：《欧盟碳排放交易市场价格行为特征与市场有效性研究》，《金融纵横》2015 年第 11 期；田穗、刘小小：《欧洲碳排放权现货市场有效性研究——基于 GARCH 模型》，《杭州电子科技大学学报》（社会科学版）2015 年第 2 期。

② 张颖、舒相军：《排污权交易政策的评价标准研究》，《科技进步与对策》2006 年第 4 期。

③ 安丽、赵国杰：《排污权交易评价指标体系的构建及评价方法研究》，《中国人口·资源与环境》2008 年第 1 期。

④ 孙欣、张可蒙、雷怀英：《碳排放权交易制度有效性评价指标体系的构建》，《统计与决策》2014 年第 9 期。

⑤ 王倩、王硕：《中国碳排放权交易市场的有效性研究》，《社会科学辑刊》2014 年第 6 期。

盖范围、健全信息披露等举措提高市场有效性。[①] 徐铭浩研究发现深圳碳市场并未达到弱势有效。[②] 赵立祥和王丽丽以北京、上海、广东、湖北碳交易市场为例，选择交易试点启动至 2017 年 3 月 31 日的收盘价作为样本，使用一阶自回归过程消除淡薄交易市场效应，运用方差比检验的方法判定四个市场的有效性。研究发现，北京、上海、广东三地碳市场均未达到弱势有效市场，随着碳排放配额持有期的增加，上海、广东碳交易市场的有效性呈现增强的趋势，湖北碳交易市场达到了弱势有效的水平。建议通过碳配额的供给侧改革、提高碳市场流动性、强化信息披露、加强碳资产管理人才的培育等方式，推动碳市场有效性的提升。[③]

（二）碳市场的外部有效性

对于碳市场的外部有效性，学者的研究主要集中在碳交易对减排成本的影响、对 GDP 的影响、对企业投资行为的影响等多个方面。

针对碳交易的环境效应，虽有学者从碳市场的运行机制、资本构造及其营利性特征等维度对碳市场的有效性进行定性分析，认为碳市场在减排方面的有效性较弱，[④] 但大部分学者仿真模拟或实证检验的结果认为，碳交易能够推动节能减排的实现。Ji Feng Li 和 Xin Wang 等基于动态 CGE 模型的模拟分析，发现碳交易能够显著降低二氧化碳排放。[⑤] 周晟吕构建了上海市能源—环境—经济 CGE 模型，发现上海碳排放交易具有显著的环境效益，其经济效益取决于碳交易纳管行业释放出来的劳动力能否被其他行业吸收。[⑥] 张俊荣和王孜丹等基于系统动力学理论构建了碳排

① 王扬雷、杜莉：《我国碳金融交易市场的有效性研究——基于北京碳交易市场的分形理论分析》，《管理世界》2015 年第 12 期。

② 徐铭浩：《深圳碳排放交易市场有效性研究》，《中外能源》2017 年第 7 期。

③ 赵立祥、王丽丽：《中国碳交易二级市场有效性研究——以北京、上海、广东、湖北碳交易市场为例》，《科技进步与对策》2018 年第 13 期。

④ 赵秀丽、王锦秋、郭嘉：《碳交易市场的资本构造性与现实有效性的思考》，《经济研究参考》2016 年第 51 期。

⑤ Li, J. F., Wang, X., Zhang, Y. X., et al., "The Economic Impact of Carbon Pricing with Regulated Electricity Prices in China—An Application of a Computable General Equilibrium Approach", *Energy Policy*, Vol. 75, No. C, 2014, pp. 46 – 56.

⑥ 周晟吕：《基于 CGE 模型的上海市碳排放交易的环境经济影响分析》，《气候变化研究进展》2015 年第 2 期。

放交易政策的仿真模型，对京津冀碳排放交易政策的实证检验结果显示，碳交易机制具有减排有效性，建议通过降低配额总量、减少免费配额、提高碳价格等方式提高减排效率。[①] 王文军和谢鹏程等以碳减排机制和倍差法为基础构建了碳排放交易机制减排有效性的评估方法，对我国 7 个碳交易试点的有效性进行评价，发现广东、北京、天津、湖北、深圳五个地区的碳市场具有减排有效性，重庆和上海两地的减排有效性相对较弱，建议选择合适的控排对象、设置合理的配额总量并进行动态调整、建立健全价格稳定机制，提升碳市场在减排维度的有效性。[②]

针对碳交易的经济效应，崔连标和范英等研究发现，无碳交易市场、仅包括北京等六家碳交易试点、全国碳交易三种情景之下，我国实现“十二五”规划中设定的碳强度目标所需要花费的成本分别为 157.62 亿元、150.66 亿元、120.68 亿元，且碳交易试点、全国碳市场两种情景下碳价格分别为 70.55 元/吨、38.17 元/吨，碳交易试点以及全国碳市场的实施在降低减排成本方面具有有效性。[③] 瞿小松和邓翔等通过构建动态的 CGE 模型，研究发现碳交易市场能够有效降低减排成本，且碳市场规模越大，减排成本越低。[④]

针对碳交易对企业投资行为的影响，刘晔和张训常以我国的碳排放交易试点为准自然实验，选择 A 股上市公司的相关数据作为样本，使用三重差分模型研究碳交易制度对企业研发创新的影响，研究发现，碳排放交易制度能够通过增加现金流和提升资产净收益率两条路径显著提升大规模企业的创新投入。[⑤] Jian-Lei Mo 等研究发现中国碳交易体系本身并

---

① 张俊荣、王孜丹、汤铃、余乐安：《基于系统动力学的京津冀碳排放交易政策影响研究》，《中国管理科学》2016 年第 3 期。

② 王文军、谢鹏程、李崇梅、骆志刚、赵黛青：《中国碳排放权交易试点机制的减排有效性评估及影响要素分析》，《中国人口·资源与环境》2018 年第 4 期。

③ 崔连标、范英、朱磊、毕清华、张毅：《碳排放交易对实现我国“十二五”减排目标的成本节约效应研究》，《中国管理科学》2013 年第 1 期。

④ 瞿小松、邓翔、余子楠：《全球碳排放交易及其效率——基于一个动态 CGE 模型的实证分析》，《财经科学》2017 年第 4 期。

⑤ 刘晔、张训常：《碳排放交易制度与企业研发创新——基于三重差分模型的实证研究》，《经济科学》2017 年第 3 期，第 102—114 页。

不能引导企业的低碳投资，需要碳价格稳定机制等制度发挥协同作用。①

碳市场以降低减排成本为目标导向，其构建具有显性的政策依赖。现有对碳市场有效性的相关研究更多关注的是碳市场设立之后在环境、经济及企业行为方面的作用，较少有学者从碳交易市场中的国有成分切入，以碳交易试点作为中介，研究国有金融资源如何通过支持碳交易体系的构建践行节能环保的社会责任，进而实现其资源的绿色化配置，本书将对该视角的文献进行补充。

第四节　研究目标与研究内容

本书在绿色发展的视域下，重点从国有金融资源优化配置切入，期望通过研究传统金融工具衍生出来的绿色化金融工具（绿色信贷、绿色保险、绿色证券）中国有金融资源的示范、引导作用，以及碳市场等创新模式中国有金融资源的贡献，识别出国有金融助推绿色发展的路径，探讨如何发挥国有金融资源的优势，助力完善与发展我国多维度的国有金融绿色发展体系。

一　研究目标

在以绿色发展为导向的时代背景之下，本书以国有金融资源的优化配置为研究对象，探讨国有金融资源如何利用绿色信贷、绿色保险、绿色证券以及碳市场助推绿色金融体系的构建及绿色发展水平的提升，拟通过研究实现如下三项目标。

（1）论证国有金融资源推动绿色发展的路径。本书将从绿色信贷、绿色保险、绿色证券三个方面分别探讨国有金融推动各个传统金融工具绿色化发展的机制与路径，并分别利用样本数据基于 DEA - TOBIT 模型、演化博弈模型进行实证检验。同时，本书以碳市场为例，论证国有金融

① Mo，J. L.，Agnolucci P.，Jiang，M. R.，et al.，“The Impact of Chinese Carbon Emission Trading Scheme（ETS）on Low Carbon Energy（LCE）Investment”，*Energy Policy*，Vol. 89，No. 2，2016，pp. 271 - 283.

在绿色金融创新模式中所发挥的功能。

（2）论证国有金融资源配置是否具有绿色化的倾向。本书将在现有绿色发展内涵的基础之上，综合考量环境、公平、效率三个维度的因素，重构绿色化的内涵及其评价指标体系。本书将以银行业为例，论证国有金融资源的配置是否呈现绿色化的趋势以及国有金融是否发挥了引导功能。

（3）论证如何利用国有金融构建并优化绿色金融体系。本书将结合国有金融资源的界定，从行业、功能、属性以及配套政策四个维度构建一个多维度、多主体、多层次的国有金融绿色发展体系。

二　研究内容

结合研究目标与逻辑架构，本书设计了七个部分的研究内容。

第一部分为引言。在引言中，本书将首先从理论与实践两个方面简要阐明本书的研究背景以及本项研究的学术价值与现实意义。随后，本书将界定文中所使用的绿色发展、国有金融等相关范畴的内涵与外延。而后，本书从国有金融的资源配置、绿色信贷、绿色保险、绿色债券、绿色基金以及碳市场等方面对现有相关研究进行梳理和总结。最后，本部分将阐明本书的研究思路、研究方法、创新点以及拟解决的关键问题。

第二部分为国有金融利用绿色信贷推进绿色发展研究。本部分将系统梳理绿色信贷的源起、发展与现状，采用文献分析法归纳绿色信贷在改进环境质量、助力产业结构优化升级及推进商业银行可持续发展等方面的能效，随后使用包含非期望产出的 SBM - DEA 模型测算商业银行的效率，并进一步构建 PVAR 模型和 DEA - TOBIT 模型，检验绿色信贷与银行效率之间的关系，识别国有金融绿色信贷与银行效率相互关系中呈现的异质性。最后，本书结合理论推导、实证检验的结果，从发挥国有银行的示范效应及健全制度供给两个维度着眼，为国有金融破解绿色信贷发展的“痛点”提供建议。

第三部分为国有金融利用绿色保险推进绿色发展研究。本部分从绿色保险的内涵与起源切入，分析我国绿色保险投保端和承保端的现状，识别政府持股比例较高的保险机构对绿色保险市场的贡献，进而从融资机制和市场孵化机制两个维度，厘清国有金融推动绿色保险发展的路径。

最后，本书从宏观、中观、微观三个层面分析绿色保险面临的问题，并提出相关建议。

第四部分为国有金融利用绿色证券推进绿色发展研究。本部分将在梳理绿色债券、绿色基金发展历程与现状的基础之上，明确国有金融在绿色证券发展中的功能，深入剖析国有金融利用绿色证券推进绿色发展的机制。随后，本书基于演化博弈理论，模拟分析在考虑未来收益时，不同风险分配机制下公共资本和社会资本的行为选择。而后以数理推导的结论为参考，对碧水源与汕头市潮南区政府的水处理 PPP 项目后续运营中社会资本与政府资本潜在的不同行为策略进行分析，并为如何提升 PPP 模式中国有金融资源的配置效率及绿色化水平提供建议。

第五部分为国有金融利用碳市场推进绿色发展研究。针对国有金融资源在碳市场建设中的功能，本书以我国碳排放交易试点作为研究对象，通过对股权结构的层层穿透测算国有成分的占比，而后使用倍差法对碳排放交易体系的减排效应进行检验，最后提出国有金融推进碳市场建设的路径选择。

第六部分为国有金融资源绿色化配置的实证检验。本部分将构建由政策性银行、国有控股商业银行、股份制商业银行等组成的多层次的金融资产框架，并分别从环境、公平、效率三个维度对“绿色”与“绿色化”的内涵进行重新界定，并以此为基础设计绿色评价指标体系，对我国有金融资源配置的绿色化倾向及其对股份制银行的引导功能进行检验。

第七部分为研究结论、政策建议及研究展望。本部分将对本书的研究进行归纳总结。随后，本书将从行业、功能、机构属性以及配套政策四个维度研究国有金融绿色发展的网络式体系。在行业维度，将对如何推进金融行业、“三高”行业、绿色环保行业中国有金融资源的绿色化发展进行研究；在功能维度，将从示范与引导功能、资源配置功能、风险分散功能三个方面，探讨国有金融绿色发展体系的架构；在机构属性维度，本书将从中央及地方政府、大型央企、金融机构的角度，研究不同类型的机构在国有金融绿色发展体系中的定位；在配套政策的维度，本书将从激励机制与监管机制两个角度，研究支持国有金融资源绿色配置的货币政策、财政政策等内容，提出进一步完善我国国有金融绿色发展政策体系的思路和对策建议。最后，本书将结合研究的不足，对未来的研究方向进行展望。

第五节　研究方法、技术路线与数据来源

本节将对本书使用的研究方法、技术路线和样本数据的来源进行简要说明。

一　研究方法

本书将机制分析与实证检验相结合，综合运用文献研究法、数据包络分析、演化博弈分析、案例分析法、倍差法、主成分分析法等多种计量分析方法，对本书的核心内容展开研究。

（1）规范分析法。本书首先采用文献研究法对绿色金融工具的内涵、发展历程、发展现状进行梳理，进而分析了国有金融资源推动绿色信贷、绿色保险、绿色证券三类金融业态发展进而推进绿色经济发展的机制。

（2）理论建模法。为了分析 PPP 模式中不同参与主体的行为逻辑，本书采用演化博弈模型对 PPP 参与主体的风险承担比例进行了分析，同时，针对国有属性资本方如何通过调节风险承担比例来调动社会资本方的积极性提出政策建议。

（3）计量分析法。本书使用包含非期望产出的 SBM - DEA 模型测算商业银行的效率，并进一步利用脉冲响应函数和 DEA - TOBIT 模型，检验绿色信贷与银行效率之间的关系，识别国有金融绿色信贷与银行效率相互关系中呈现的异质性；采用倍差法检验了碳市场中碳排放交易试点在减排方面的有效性，同时梳理了试点交易所的国有持股比例，论证了国有金融资源配置在创新模式下的示范作用及具体路径；本书运用主成分分析方法构建了绿色化的评价指标体系，结合 3 家政策性银行、22 家商业银行的样本数据，从环境、公平、效率三个维度进行分析，检验了国有金融资源配置是否具有绿色化倾向及其对股份制商业银行是否具有引导功能。

二 技术路线

本书拟采用的技术路线图如图1.1所示。本书将从理论分析切入，通过回顾现有的研究成果，从国内绿色金融体系发展现状及国有金融资源配置对绿色化的影响入手，研究国有金融资源利用金融工具和碳市场推进绿色发展的机制和路径；随后，构建实证模型，选择样本数据对理论假说进行检验。最后对研究结果进行总结，为国有金融绿色发展体系的建立及运行提供建议。

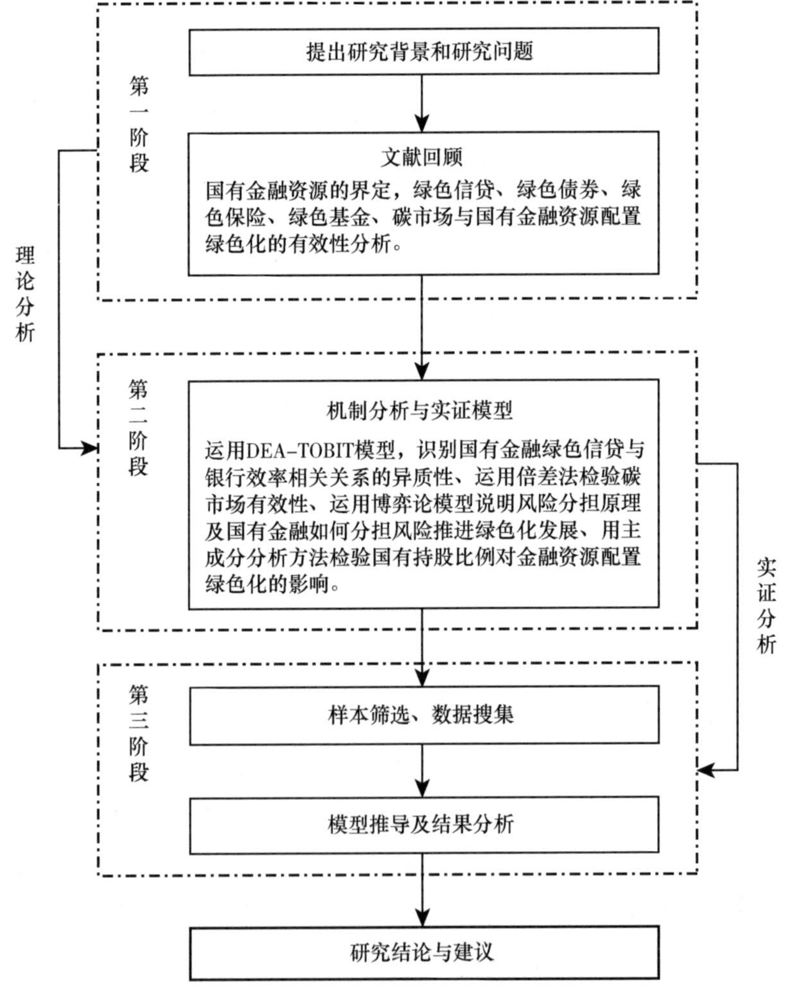

图1.1 技术路线图

三　数据来源

本书所使用的相关数据均来源于 Wind 数据库、历年《中国统计年鉴》、历年《中国能源统计年鉴》、相关上市公司年报以及企业社会责任报告等。

第六节　创新点与拟解决的关键问题

本书在持续、深入推进经济金融绿色化发展的背景之下，以国有金融资源配置为研究对象，研究国有金融资源配置对绿色化的积极影响及其推进策略。与现有研究成果相比，本书的创新点、拟突破的关键问题主要体现在如下多个方面。

一　本书的创新点

第一，研究视角的创新。国有金融机构在践行国家发展战略方面处于先锋位置，本书从国有金融体系资源配置的视角切入，其研究成果有助于发挥国有金融机构推动绿色经济发展的示范效应，引导非国有金融机构积极跟进，利用金融资源配置来加快实体经济的转型。

第二，研究思路的创新。其一，本书遵循“国有金融体系如何助推绿色经济发展方面—功效如何—如何更好地推进”的逻辑，对国有金融体系资源配置与绿色经济的运行展开深入研究。严谨的逻辑架构，能够提高本书研究成果的系统性，增加研究结论的参考价值。其二，现有关于绿色经济的研究，更多从绿色信贷、绿色保险、绿色证券的角度展开，本书将从广义的绿色经济的视角，融入对社会公平因素的考量，研究国有金融体系的资源配置是否促进了金融的普惠性。其三，在现有线条式或板块式研究的基础之上，本书从行业、功能、属性、配套政策四个层面，结合国有金融机构的特殊定位，构建网络式的绿色发展体系，以增强其完备性，并在一定程度上提高研究结果的适用性。

第三，研究方法的创新。本书综合运用了数据包络分析、演化博弈模型、倍差法等数理与量化方法对国有金融的行为进行模拟和检验。

现有关于绿色信贷业务对商业银行自身影响的实证分析，多以商业银行的资产收益率等财务指标或若干财务指标构成的指标体系作为因变量，较少有学者从包含了非期望产出的纯技术效率的视角探讨绿色信贷业务的影响，在国有银行的样本选择上亦以中国工商银行、中国建设银行、中国银行、中国农业银行、交通银行作为代表，并未考虑其他银行中的国有成分。本书使用 MaxDea 软件对非径向 SBM - DEA 模型进行测度，通过逐层穿透的方式测算所选样本银行的政府持股比例，并以此作为国有成分的表征，基于 DEA - TOBIT 模型，利用政府持股比例与绿色信贷余额占比的交互项，识别国有成分占比较高的银行，其绿色信贷业务的开展对自身效率的影响是否与其他商业银行存在不同，进而判断国有金融是否存在扩张绿色信贷的持续动力。

在利用演化博弈模型进行分析时，本书增加对绿色低碳 PPP 项目社会效应的考量。在社会资本方收益确定中，增加了“社会资本选择消极策略带来负面影响时，可追加罚金”的设计。从而拓宽了模型的使用范围，增强了政策建议的可操作性。

在利用倍差法对中国区域碳市场的有效性进行评估时，本书从样本数据与时间区间的选择等方面，对现有的研究进行了优化和改进，并进一步对地区碳市场的股东情况进行逐层分析，统计政府持股的比例，进而验证“国有金融—碳市场—绿色发展”的路径。

二 拟突破的重点问题

作为与国家发展规划密切相关的前沿问题，本书对中国国有金融牵引与助推绿色经济发展的研究拟突破如下三个重点问题。

第一，阐明我国绿色发展的内涵及绿色金融体系的运行模式。如何在维持经济发展的同时减少生态足迹，同时增强弱势群体共享改革与发展红利的能力，是我国实现可持续发展面临的主要挑战，也是绿色经济的题中之义。在广义的绿色经济的概念之下，明确阐述我国绿色发展内涵是本书研究的重点问题之一。

第二，研究如何通过优化国有金融体系的资源配置推动我国绿色经济运行模式的形成。绿色发展的战略规划为国有金融企业改革提供了新的契机和方向。国有金融体系在规模、政策等诸多方面的比较优势亦决定了其优化资源配置对绿色经济的发展具有重要意义，故评估国有金融体系在牵引与助推绿色经济运行方面的功效并分析如何优化是本书研究的重点问题之一。

第三，将现有研究中的板块式或线条式的绿色发展体系拓展为网络式的体系。本书拟从行业、功能、金融机构属性以及配套政策四个维度，结合国有金融机构的特殊性，构建相对全面的国有金融绿色发展体系。

第二章

国有金融利用绿色信贷推动绿色发展研究

自2007年《关于落实环境保护政策法规防范信贷风险的意见》颁布以来，绿色信贷得到了广泛的关注和长足的发展。《绿色信贷指引》（2012）和《关于构建绿色金融体系的指导意见》（2016）进一步明确了绿色信贷的实施细则。截至2017年年末，绿色信贷在所有的绿色融资渠道中占比超过95%，仍然是主要的绿色融资渠道。[①] 原中国银监会新闻发布会披露的统计信息显示，截至2017年6月底，国内21家主要银行的绿色信贷余额突破8万亿元，达到8.2万亿元，同比上涨12.9%，在各项贷款总余额中所占比例接近10%。[②] 绿色信贷在蓬勃发展的同时，也暴露出标准不统一和信息披露不健全等相关问题。首先，本章基于现有研究、结合可得数据及相关文献，运用文献分析法，阐明绿色信贷的内涵、发展历程、发展现状。其次，论证绿色信贷的经济效益、环境效益，明确绿色信贷发展及其功能发挥面临的问题与困境。最后，基于SBM－DEA模型测算商业银行的技术效率，采用DEA－Tobit模型，利用交互项检验，识别国有金融绿色信贷与银行效率之间相关关系是否存在异质性。

---

① 鲁政委、汤维祺：《2017年中国绿色金融市场综览》，《兴业研究》2018年第1期。

② 原中国银监会网站，2017年2月9日。

第一节　绿色信贷：源起、发展历程及阶段特征

一　绿色信贷的源起及发展历程

关于绿色信贷内涵，国外学者更多是从“可持续金融”“环境风险管理”“可持续融资”等方面对商业银行的信贷行为进行研究①。

国内有多位学者较早尝试对绿色信贷进行界定，具有代表性且被广泛引用的是邓聿文的阐述。邓聿文从正向激励和负向惩罚两个维度，将“绿色信贷”定义为政策性银行与商业银行等金融机构以国家环境经济政策和产业政策为导向，对从事生态环境友好型行业的企业或机构给予优惠的贷款支持政策，同时降低对高污染高能耗企业贷款额度并采取惩罚性的高利率，以此引导资金流向清洁生产领域。② 之后，有学者从商业银行的角度③、从广义与狭义的视角④、从政策层面和银行层面⑤对绿色信贷进行界定。胡静怡和陶士贵从绿色信贷隶属于绿色金融的视角，将其内涵推广至用信贷政策工具与传导机制支持经济和社会的绿色可持续发展。⑥

---

① Eric Cowan, “Topical Issues In Environmental Finance, research paper was Commissioned by the Asia Branch of the Canadian International Development Agency (CIDA)”, *Topical Issues In Environmental Finance*, 1999; Monaghan S., “A borrower's guide to lowering corporate environmental liability”, *Journal of Corporate Accounting & Finance*, Vol. 4, No. 3, 2010, pp. 353 - 367; Marcel Jeucken, *Sustainable Finance and Banking: The Financial Sector and the Future of the Planet*, UK: Earthscan Publications Ltd, 2002.

② 邓聿文：《为企业节能减排构筑“绿色信贷”》，《上海证券报》2007 年 7 月 20 日第 7 版。

③ 何德旭、张雪兰：《对我国商业银行推行绿色信贷若干问题的思考》，《上海金融》2007 年第 12 期；杨涛、程炼：《碳金融在中国发展的兴业商业银行案例研究》，《上海金融》2010 年第 8 期；董利：《绿色信贷体系建设和风险防控》，《中国金融》2012 年第 10 期。

④ 樊志刚、李卢霞：《我国商业银行推行绿色信贷的政策环境分析及业务创新路径探讨》，《金融理论与实践》2012 年第 9 期。

⑤ 原庆丹、沈晓悦、杨姝影：《绿色信贷与环境责任保险》，中国环境科学出版社 2012 年版，第 16 页。

⑥ 胡静怡、陶士贵：《绿色信贷：研究现状及分析》，《特区经济》2018 年第 4 期。

在政府层面，原环保部（2010）在《中国绿色信贷发展报告2010》中将绿色信贷定义为：利用信贷的手段促进各行业节能减排的政策、制度安排与实践。[①]《绿色信贷指引（2012）》首次在官方文件中提出“绿色信贷”，被看作我国绿色信贷体系的核心。该指引建议在我国境内依法设立的政策性银行、商业银行、农村合作银行、农村信用社从战略高度推进绿色信贷，其核心内容包括三个方面：其一是银行在金融资源配置方面的功能，通过信贷额度、信贷成本等要素的差别化，将信贷资金重点投放到绿色产业，推动绿色经济的发展；其二是银行应制定环境和社会风险的评估与管理体系，加强风险识别与控制的能力建设，以风险识别的结果作为依据对客户实行分类管理；其三是银行自身的可持续发展，即银行通过优化运营模式，优化制度安排，提高自身的绿色发展水平。

鉴于绿色信贷目前仍以实践为主，故上述不同层面的界定虽然略有不同，但基本上都是以政策为导向，对如何优化商业银行的行为以推进绿色发展的探讨。本书综合了学术界与官方文件的定义，认为绿色信贷是指银行业金融机构以绿色发展理念为指引，以落实“两山论”作为价值导向，以信贷功能为抓手，通过健全制度安排、优化信贷政策、加强能力建设等途径，将环境与社会风险的评估与使用常态化，进而推动经济与社会可持续发展的一系列行为。

绿色信贷的理念形成后，便迎来稳定快速的发展变迁进程。我国绿色信贷的起源可以追溯到《关于贯彻信贷政策和加强环境保护工作有关问题的通知》（中国人民银行，1995）。2007年7月12日国家环保总局、中国人民银行、银监会联合发布《关于落实环境保护政策法规防范信贷风险的意见》（下文简称《意见》），正式开启了绿色信贷的实践。《意见》从政策层面要求银行业将企业环保信息纳入信用信息基础数据库，将控制对污染企业的信贷作为履行社会责任的重要内容，利用信贷手段推进环境保护。此后，绿色信贷逐步发展，相关政策安排逐步跟进。根据绿色信贷政策（见表2.1）着眼点的转移，我国绿色信贷的发展变迁可以大

---

① 环境保护部环境与经济政策研究中心：《中国绿色信贷发展报告2010》，环境保护部，2010年。

致划分为初步探索阶段（1995—2006 年）、引导推动阶段（2007—2011 年）、大力发展阶段（2012—2015 年）及全面推广阶段（2016 年至今）。

表 2.1　　绿色信贷政策法规体系

部门	时间	文件名称
人民银行	1995 年 2 月	《关于贯彻信贷政策与加强环境保护工作有关问题的通知》
发改委、人民银行、银监会	2004 年 4 月	《关于进一步加强产业政策和信贷政策协调配合控制信贷风险有关问题的通知》
人民银行/环保总局	2006 年 12 月	《关于共享企业环保信息有关问题的通知》
人民银行	2007 年 7 月	《关于改进和加强节能环保领域金融服务工作的指导意见》
银监会	2007 年 11 月	《节能减排授信工作指导意见》
银监会	2012 年 2 月	《绿色信贷指引》
银监会	2012 年 6 月	《银行业金融机构绩效考评监管指引》
银监会	2013 年 3 月	《关于绿色信贷工作的意见》
银监会	2014 年 6 月	《绿色信贷实施情况关键评价指标》
银监会与发改委	2015 年 1 月	《能效信贷指引》
银监会	2015 年年初	《中国银监会办公厅关于下发绿色信贷实施情况自评价两个模板的通知》
发改委	2015 年 12 月	《关于加强企业环境信用体系建设的指导意见》
财政部	2016 年 2 月	《关于金融支持工业稳增长调结构增效益的若干意见》
人民银行	2016 年 3 月	《关于加大对新消费领域金融支持的指导意见》
人民银行、财政部、发改委等	2016 年 9 月	《关于构建绿色金融体系的指导意见》
银监会	2017 年 4 月	《中国银监会关于提升银行业服务实体经济质效的指导意见》
人民银行	2018 年 7 月	《关于开展银行业存款类金融机构绿色信贷业绩评价的通知》

资料来源：笔者根据现有相关文件资料整理得到。

第一个是初步探索阶段（1995—2006 年）。1995 年，中国人民银行颁布《关于贯彻信贷政策和加强环境保护工作有关问题的通知》，要求各级金融机构在信贷工作中要关注自然资源和环境的保护，而后《关于进一步加强产业政策和信贷政策协调配合控制信贷风险有关问题的通知》(2004)、《关于共享企业环保信息有关问题的通知》(2006) 的先后发布，进一步为绿色信贷的探索提供了政策支持。在此期间，国内部分银行开始执行绿色信贷政策。

第二个是引导推动阶段 (2007—2011 年)。《关于落实环境保护政策法规防范信贷风险的意见》(2007) 的发布，标志着我国绿色信贷制度的正式建立；同年，银监会发布《节能减排授信工作指导意见》。在该阶段，相关支持政策不断细化，银行业金融机构初步建立了绿色信贷制度。

第三个是大力发展阶段 (2012—2015 年)。银监会于 2012 年下发《绿色信贷指引》，首次明确提出绿色信贷的概念，从组织管理、政策制度及能力建设、流程管理、内控管理与信息披露以及监督检查等五个方面为绿色信贷的发展提供了指导。《绿色信贷统计制度》(2013)、《绿色信贷实施情况关键评价指标》(2014) 规范了绿色信贷的统计与评价。在该阶段，绿色信贷规模不断增加，相关配套制度不断完善。

第四个是全面推广阶段 (2016 年至今)。2016 年 7 月，G20 峰会将绿色金融作为会议主题之一，并推动建立 G20 绿色金融研究小组，决定由英格兰银行和中国人民银行共同担任主席，由联合国环境规划署承担秘书处工作，为绿色信贷的推广搭建了国际平台；2016 年 8 月，中国人民银行等七部委联合印发了《关于构建绿色金融体系的指导意见》，将包括绿色信贷在内的绿色金融提升到了国家战略的层面；2017 年 6 月，国家在浙江、江西、广东、贵州、新疆 5 省份建设绿色金融改革创新试验区，绿色信贷开始从顶层设计落实到地方实践，进入全面推广的阶段。

二 我国现阶段绿色信贷发展的特征

伴随着国家及银行业相关政策制度的日趋完善，绿色信贷的规模不断扩大，结构日趋合理。截至 2017 年 6 月末，国内 12 家主要银行绿色信贷的余额达到 8.2 万亿元，在各项贷款中所占比例接近 10%。[①] 在绿色信

① 数据来源：Wind 数据库。

贷余额中，国有控股的大型商业银行发行的绿色信贷数量占据较大份额，截至 2017 年年末，五大国有控股商业绿色信贷余额的占比约 42%。[①] 本书将从绿色信贷的规模、结构、效益、配套制度及国际合作机制等五个方面对我国绿色信贷的发展特征进行归纳总结。

（一）银行业金融机构绿色信贷的规模不断增加

Wind 数据库统计的信息显示，自 2013 年《绿色信贷统计制度》执行以来，21 家主要商业银行绿色信贷的余额由 2013 年年末的 5.20 万亿元增加至 2017 年 6 月的 8.22 万亿元，增幅达 58.17%（如图 2.1 所示）。绿色信贷的绝对数量逐年增加，但增速整体呈现下降趋势，由 2014 年的 15.67% 下降到 2016 年的 7.11%，2017 年稍有回升达到 9.56%，且绿色信贷余额在贷款余额中所占的比例不足 10%。

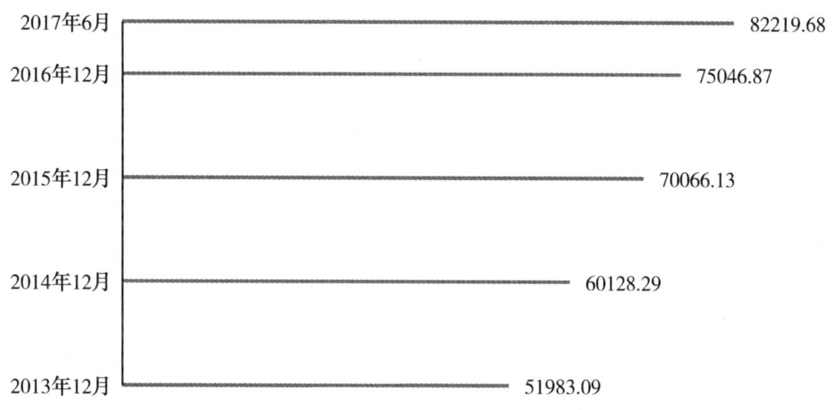

图 2.1　2013—2017 年 6 月主要银行绿色信贷余额（单位：亿元）

数据来源：Wind 数据库。

（二）银行业金融机构绿色信贷的结构基本稳定

绿色信贷的投向主要包括节能环保项目及服务、战略性新兴行业（节能环保、新能源、新能源汽车）。截至 2017 年 6 月，在 21 家主要商业银行的绿色信贷余额中，投放于节能环保项目及服务的余额为 6.53 万

① 根据五大国有控股商业银行《2017 年度社会责任报告》的数据整理测算得到。

亿元，占比达 79. 43%；投放于战略性新兴行业的余额为 1. 69 万亿元，占比为 20. 56%。2013—2017 年绿色信贷的投放结构基本维持稳定，节能环保及服务所占的比重维持在 70% 以上，且呈现逐年小幅增加的趋势，而战略性新兴行业的占比由 29. 10% 逐年下降至 20. 56%（如图 2. 2 所示）。

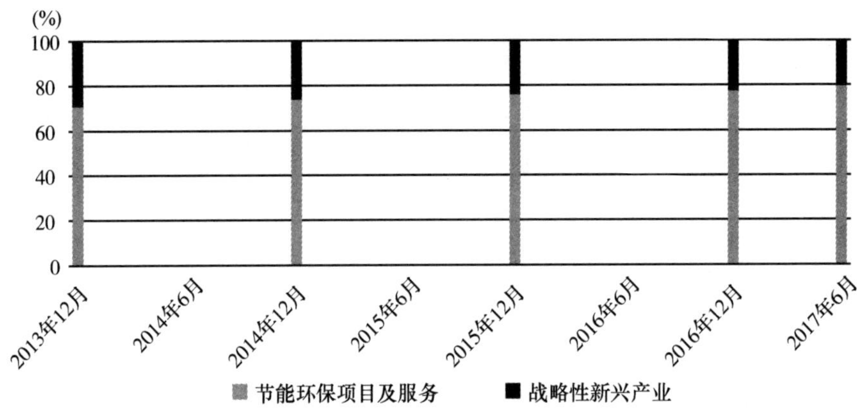

图 2. 2　2013—2017 年绿色信贷投向结构

数据来源：Wind 数据库。

（三）银行业金融机构绿色信贷节能减排的环境效益显著

根据 2017 年 6 月末节能环保项目和服务贷款支持情况计算，现有的绿色信贷资源的配置，预计可实现节能减排 2. 15 亿吨标准煤，减排二氧化碳当量 4. 91 亿吨，减排化学需氧量 283. 45 万吨，减排氨氮 26. 76 万吨，减排二氧化硫 464. 53 万吨，减排氮氧化物 313. 11 万吨，节水 7. 15 亿吨（如表 2. 2 所示）。

表 2. 2　绿色信贷减排效益

指标名称	2013 年 12 月	2014 年 12 月	2015 年 12 月	2016 年 12 月	2017 年 6 月
绿色信贷余额（节能环保项目及服务）（亿元）	36853. 49	44363. 86	53201. 57	58090. 34	65312. 63
节能减排标准煤（万吨）	18671. 80	16718. 89	22122. 89	18848. 27	21509. 59

续表

指标名称	2013年12月	2014年12月	2015年12月	2016年12月	2017年6月
减排二氧化碳当量（万吨）	47902.66	39958.08	54979.32	42719.78	49056.40
减排化学需氧量（万吨）	330.03	341.30	355.23	271.46	283.45
减排氨氮（万吨）	35.66	34.08	38.43	35.89	26.76
减排二氧化硫（万吨）	664.92	587.65	484.96	488.27	464.53
减排氮氧化物（万吨）	155.08	160.09	227.00	282.69	313.11
节水（万吨）	43808.05	93367.25	75605.37	60197.59	71500.65

数据来源：Wind数据库。

（四）绿色信贷政策框架及制度体系不断完善

为协调推进绿色信贷的发展并发挥其在产业结构调整与环境保护方面的功能，国务院各相关部门先后出台了《关于贯彻信贷政策与加强环境保护工作有关问题的通知》（1995）、《关于共享企业环保信息有关问题的通知》（2006）、《节能减排授信工作指导意见》（2007）、《绿色信贷实施情况关键评价指标》（2014）、《关于构建绿色金融体系的指导意见》（2016）等一系列政策和文件，构建了相对完善的政策体系。与此同时，在国家政策的指引之下，国有控股的大型商业银行结合信贷业务流程，率先建立了自己内部的绿色信贷制度，其他股份制商业银行随之也制定了支持开展绿色信贷的措施。

（五）绿色信贷的国际交流平台不断增加

2012年，在银监会的倡导下，中国、巴西等25个国家的银行业监督管理机构或银行业协会等自律组织成立了“新兴市场绿色信贷跨国工作组”，为成员之间绿色信贷政策的交流提供了平台。2016年G20绿色金融研究小组的成立，也为我国提供了全新的绿色信贷国际交流机制。自成立以来，G20绿色金融研究小组先后在北京、伦敦、华盛顿、厦门、法兰克福等地召开会议，就银行业、债券市场、机构投资者以及风险分析和指标体系等诸多领域进行了深入探讨。

三　我国绿色信贷发展面临的问题

自2007年以来，绿色信贷由国有商业银行为主导逐步推广到股份制商业银行，在规模增加、环境效益与经济效益不断显现的同时，也暴露了诸多问题，面临发展的困境。

第一，规模占比较低且存在结构错配与期限错配。截至 2017 年 6 月，主要商业银行绿色信贷余额达 8.22 万亿元，但其在贷款余额总量中占比不足 10%。同时，在绿色信贷的投放中存在结构错配现象，集中于处理“双高”企业存量贷款的退出，对其贷款申请实行“一票否决制”，忽略了污染行业节能减排设备改造的贷款需求。另外，节能减排项目的运行时间较长且参与企业规模多样，而商业银行仍然偏好于短期贷款，且更倾向于向龙头企业发放绿色信贷，加剧了中小企业融资难的困境。

第二，信息披露不完全。除银监会公布的 21 家商业银行绿色信贷的信息之外，现阶段仅有政策性银行、国有控股商业银行及规模较大的股份制银行在年度社会责任报告中披露了绿色信贷的发放情况，部分股份制银行尚未披露绿色信贷的相关信息。在已披露的信息中，存在选择性披露具有宣传价值的信息、信息披露不连续且定量信息不足、数据统计口径不一致等现象。

第三，同质化倾向严重。现阶段，国内不同商业银行虽然构建了各自的绿色信贷产品体系，但整体上比较相似，并未呈现个性化或特色化的服务方案，难以契合绿色项目多样化的融资需求。

第二节　我国绿色信贷的效益分析——基于文献分析法

自绿色信贷的概念出现以来，学术界有大量学者从不同角度针对绿色信贷展开研究，对绿色信贷效益的机制与实证分析是重要的构成部分。本书将采取文献研究法，从环境效益、对产业结构优化升级的影响以及对商业银行的影响三个维度，对搜集到的相关研究进行梳理、归纳与总结，从而对绿色信贷的效益进行初步评价。

一　绿色信贷改进环境质量的效应分析

节能减排是绿色信贷的核心目标之一。从理论层面来看，绿色信贷实现环境效应的关键路径为：实施绿色信贷政策，提高高污染、高耗能、高排放及过剩行业存量贷款的融资成本及新申请贷款的审核标准，引导信贷资金转移至绿色生态环保行业。

自2012年以来，国内学者采取基本的描述性统计分析[①]、微分博弈模型[②]、面板模型[③]、CGE模型[④]、灰色关联分析[⑤]、准自然实验[⑥]等不同的方法对绿色信贷的环境效应进行实证检验（如表2.3所示）。除了蔡海静[⑦]使用环境信息披露作为绿色信贷政策的表征，使用企业平均利息率刻画银行借款融资成本，并以2006—2012年A股市场造纸、采掘和电力三大行业上市公司的相关数据作为样本，发现绿色信贷政策的效果在借款成本方面不显著之外，其他学者的研究基本形成一致的结论：绿色信贷的环境效益基本显著，能够提高污染企业的融资成本，且绿色信贷的规模和增速与节能减排量正相关。由于环境信息披露仅仅是绿色信贷政策的一个组成部分，未能有效刻画绿色信贷政策的影响。因此，可以初步判定绿色信贷的环境效益显著，即绿色信贷政策的实施在推进节能减排方面发挥了积极作用。

---

① 罗雁之、焦月：《绿色信贷对产业结构调整影响研究》，《经济研究导刊》2012年第13期；赵朝霞：《商业银行绿色信贷实践及其对经济绿色转型的推动》，《财会月刊》2015年第32期。

② 胡震云、陈晨、张玮：《基于微分博弈的绿色信贷与水污染控制反馈策略研究》，《审计与经济研究》2013年第6期。

③ 中国人民银行常州市中心支行调查统计科课题组：《对落实绿色信贷政策引导产业转型升级效果的实证分析——以江苏省常州市为例》，《金融纵横》2013年第6期；蔡海静：《我国绿色信贷政策实施现状及其效果检验——基于造纸、采掘与电力行业的经验证据》，《财经论丛》2013年第1期；连莉莉：《绿色信贷影响企业债务融资成本吗？——基于绿色企业与“两高”企业的对比研究》，《金融经济学研究》2015年第5期；杨一凡：《绿色信贷与债务期限相关性研究——兼论对企业投资的影响》，《财会通讯》2018年第20期；许松涛、陈霞：《绿色信贷、银企关系与企业投资行为》，《金融理论探索》2019年第1期。

④ 刘婧宇、夏炎、林师模等：《基于金融CGE模型的中国绿色信贷政策短中长期影响分析》，《中国管理科学》2015年第4期。

⑤ 梁玉、赵洋：《绿色信贷产业结构优化效应研究》，《西部金融》2017年第8期。

⑥ 苏冬蔚、连莉莉：《绿色信贷是否影响重污染企业的投融资行为?》，《金融研究》2018年第12期。

⑦ 蔡海静：《我国绿色信贷政策实施现状及其效果检验——基于造纸、采掘与电力行业的经验证据》，《财经论丛》2013年第1期。

表 2.3　关于绿色信贷环境效益研究

	作者	样本	研究方法	研究结论
1	罗雁之和焦月（2012）	2005—2009 年相关数据	统计分析	银行的信贷资金正逐步从高污染行业转移到生态环保行业
2	胡震云和陈晨等（2013）	数值仿真	微分博弈模型	绿色信贷政策，可以增强水污染控制的效果
3	中国人民银行常州市中心支行调查统计科课题组（2013）	江苏省常州市 278 家企业 2008 年 12 月至 2012 年 12 月的数据	面板模型	企业贷款的增加（减少）会引起企业单位能耗的下降（升高）
4	蔡海静（2013）	2006—2012 年 A 股市场造纸、采掘和电力三大行业上市公司的数据	面板模型	绿色信贷政策的效果在借款成本方面不显著
5	连莉莉（2015）	2000—2014 年上市公司的数据	固定效应面板模型	绿色信贷政策降低了绿色企业的融资成本，增加了“两高”企业的融资成本
6	赵朝霞（2015）	兴业银行和中国工商银行的相关数据 2005—2015 年相关数据	统计分析	绿色信贷的规模越大，增速越快，节能减排量越多
7	刘婧宇和夏炎等（2015）	2006—2007 年部分行业上市公司数据	加入金融系统的 CGE 模型	绿色信贷政策在短期和中期能够有效遏制“双高”行业的扩张，在长期，其功能会被目标行业投资与产出的回升所抵消
8	梁玉和赵洋（2017）	2006—2015 年相关数据	灰色关联分析	绿色信贷具有显著的环境效益，有助于推动产业结构的调整

续表

	作者	样本	研究方法	研究结论
9	王薇（2018）	2013—2017 年 6 月末国内 21 家主要银行的绿色信贷数据	数理分析	测算目标节能减排量与绿色信贷余额之间的数量关系
10	杨一凡（2018）	2009—2014 年相关统计数据	面板模型	绿色信贷可以调节企业的债务结构，并且能控制和约束企业的过度投资
11	苏冬蔚和连莉莉（2018）	2008—2016 年我国 A 股上市公司的相关数据	准自然实验；倍差法	绿色信贷具有显著的融资惩罚效应和投资抑制效应
12	许松涛和陈霞（2019）	2007—2016 年重污染行业上市公司的相关数据	Tobin（1969）投资模型；Hirshleifer et al.（2012）的研发投入模型	《绿色信贷指引（2012）》的实施，有效遏制了银企关系对重污染企业固定资产投资的驱动效应

二　绿色信贷助推产业结构优化升级的能效分析

绿色信贷助推产业结构升级的机制主要包括资金引导机制、信息传导机制、信用催生机制等。资金引导机制是指商业银行根据“有扶有控，区别对待”的原则设计差别化的信贷策略，促进资金从高污染行业转移到生态环保行业；信息传导机制是指商业银行在贯彻绿色信贷政策时，对企业项目环境风险的评估以及对项目的甄别与筛选所体现出来的信息具有溢出效应，可以传导至市场的投资者，通过投资者的投资策略的选择推动产业结构的升级；信用催生机制是指绿色信贷政策的实施将减少对“两高”企业的融资额度，节约出来的额度可以扩大绿色信贷的规模，通过信用的催生加快产业结构升级。

自 2011 年以来，国内很多学者对绿色信贷助推产业结构调整的效应进行实证检验，使用不同类型的样本数据，采用统计性描述分析①、灰色关联分析②、面板模型③、CGE 模型④等方法，得到基本一致的研究结论：绿色信贷有助于推动产业升级。徐胜和赵欣欣等进一步对不同传导机制进行检验，发现目前绿色信贷主要通过资本和资金的渠道实现推动产业结构升级的功能（见表 2.4）。

表 2.4　　关于绿色信贷对产业结构调整的影响研究

	作者	样本	研究方法	研究结论
1	陈伟光和胡当（2011）	2007—2009 年各部门融资数据	统计分析	绿色信贷的实施在一定程度上推动了我国的产业升级
2	罗雁之和焦月（2012）	2005—2009 年相关数据	统计分析	银行的信贷资金正逐步从高污染行业转移到生态环保行业
3	中国人民银行三明市中心支行课题组（2012）	福建省三明市的相关统计数据	统计分析	绿色信贷有助于推动产业升级

① 陈伟光、胡当：《绿色信贷对产业升级的作用机理与效应分析》，《江西财经大学学报》2011 年第 4 期；罗雁之、焦月：《绿色信贷对产业结构调整影响研究》，《经济研究导刊》2012 年第 13 期；中国人民银行三明市中心支行课题组：《绿色信贷政策实施效应与优化选择路径研究——以福建省三明市为样本》，《福建金融》2012 年第 5 期。

② 谭春兰、王柯茹：《绿色信贷支持海洋产业升级研究》，《海洋经济》2017 年第 3 期；梁玉、赵洋：《绿色信贷产业结构优化效应研究》，《西部金融》2017 年第 8 期；霍东升：《绿色信贷对产业结构调整的作用分析》，《河北金融》2017 年第 12 期；徐胜、赵欣欣等：《绿色信贷对产业结构升级的影响效应分析》，《上海财经大学学报》2018 年第 2 期；邱英杰、杨晓倩：《绿色信贷与产业升级的关系研究——基于灰色关联模型的实证分析》，《福建金融》2019 年第 1 期。

③ 中国人民银行常州市中心支行调查统计科课题组：《对落实绿色信贷政策引导产业转型升级效果的实证分析——以江苏省常州市为例》，《金融纵横》2013 年第 6 期；修静、刘海英、臧晓强：《绿色信贷、节能减排下的工业增长及预测研究》，《当代经济科学》2015 年第 3 期；连莉莉：《绿色信贷影响企业债务融资成本吗？——基于绿色企业与“两高”企业的对比研究》，《金融经济学研究》2015 年第 5 期。

④ 刘婧宇、夏炎等：《基于金融 CGE 模型的中国绿色信贷政策短中长期影响分析》，《中国管理科学》2015 年第 4 期。

续表

	作者	样本	研究方法	研究结论
4	中国人民银行常州市中心支行调查统计科课题组（2013）	江苏省常州市随机抽取的有环评结果的278家企业2008年12月至2012年12月的数据	面板模型	企业贷款的增加（减少）会引起企业单位能耗的下降（升高）；绿色信贷能够促进企业转型升级
5	修静和刘海英等（2015）	2003—2010年中国30个省（自治州、直辖市）规模以上工业企业的面板数据；工业污染治理投资中的“银行贷款”	非线性面板门限模型	绿色信贷能够促进工业的增长，但随着绿色信贷占比的增加，其对工业增长推动作用逐渐减弱
6	连莉莉（2015）	2000—2014年上市公司的数据	固定效应面板模型	绿色信贷政策降低了绿色企业的融资成本，增加了“两高”企业的融资成本
7	刘婧宇和夏炎等（2015）	2006—2007年部分行业上市公司数据	加入金融系统的CGE模型	绿色信贷政策在短期和中期能够有效遏制“双高”行业的扩张，在长期，其功能会被目标行业投资与产出的回升所抵消
8	谭春兰和王柯茹（2017）	2007—2015年相关数据	灰色关联度分析	绿色信贷对海洋产业结构具有一定的积极影响
9	梁玉和赵洋（2017）	2006—2015年相关数据	灰色关联分析	绿色信贷具有显著的环境效益，有助于推动产业结构的调整
10	霍东升（2017）	2008—2015年相关数据	灰色关联分析	绿色信贷对产业结构调整具有促进作用
11	徐胜和赵欣欣等（2018）	2004—2015年我国31个省份的相关数据	灰色关联分析；面板模型	绿色信贷能够显著推动产业结构调整升级，且主要通过资本与资金渠道实现

续表

	作者	样本	研究方法	研究结论
12	邱英杰和杨晓倩（2019）	2011—2016年绿色信贷及三大产业的相关数据	灰色关联分析	绿色信贷有助于推进产业结构的优化升级

三 绿色信贷业务对商业银行的影响

商业银行开展绿色信贷业务的动力主要来源于两个方面：贯彻执行政府政策和追逐商业利润。而作为以营利为目标导向的金融机构，商业银行能否通过扩展绿色信贷业务实现财务绩效及竞争力的提升是决定其是否大力推进绿色信贷的根本因素。

关于绿色信贷对商业银行的影响，现有国内学者的研究集中于检验绿色信贷在财务绩效[①]、信贷风险[②]、盈利能力[③]、竞争力[④]等多个方面的功能。研究发现，绿色信贷对上述因素均具有正向的积极作用（见表2.5）。

① 李程、白唯等：《绿色信贷政策如何被商业银行有效执行?》，《南方金融》2016年第1期；陶茜：《绿色信贷对银行绩效的影响机制探讨》，《宏观经济管理》2016年第5期；宋晓玲、吴嘉伊：《绿色信贷对财务绩效的影响——来自赤道银行的经验证据》，《征信》2017年第3期；李苏、贾妍妍、达潭枫：《绿色信贷对商业银行绩效与风险的影响——基于16家上市商业银行面板数据分析》，《金融发展研究》2017年第9期；田国双、杨茗：《绿色信贷与银行财务绩效相关性研究——基于16家上市商业银行的数据》，《河南工业大学学报》（社会科学版）2018年第2期。

② 孙光林、王颖、李庆海：《绿色信贷对商业银行信贷风险的影响》，《金融论坛》2017年第10期。

③ 胡荣才、张文琼：《开展绿色信贷会影响商业银行盈利水平吗?》，《金融监管研究》2016年第7期；刘立民、牛玉凤、王永强：《绿色信贷对我国商业银行盈利能力的影响——基于14家上市银行的面板数据分析》，《西部金融》2017年第3期；任康钰、张晨希：《绿色信贷对我国商业银行业绩的异质性影响——基于16家上市商业银行面板数据的分析》，《武汉金融》2018年第5期；志学红、王国栋、高清霞：《绿色信贷业务对商业银行盈利能力的影响》，《环境与可持续发展》2018年第1期。

④ 何凌云、吴晨：《绿色信贷、内外部政策及商业银行竞争力——基于9家上市商业银行的实证研究》，《金融经济学研究》2018年第1期；高晓燕、高歌：《绿色信贷规模与商业银行竞争力的关系探究》，《经济问题》2018年第7期。

表 2.5　　关于绿色信贷对商业银行的影响研究

	作者	样本	研究方法	研究结论
1	王衍行和李富强（2013）	无	线性规划的方法	绿色信贷投入的增加并不会必然带来环境污染下降前提下的社会资产总量的增长，主要取决于绿色信贷是否投向了投资回报率最高的领域以及在治理环境污染领域投入的比例
2	李程和白唯等（2016）	国内 16 家上市商业银行	演化博弈理论；双重差分	绿色信贷政策的实施对商业银行的财务绩效存在一定程度的负面影响
3	陶茜（2016）	招商银行、兴业银行、中信银行、浦发银行、平安银行和宁波银行的相关数据	OLS 回归	绿色信贷政策在短期内对银行财务绩效有正向作用
4	胡荣才和张文琼（2016）	中国银行等 14 家银行 2009—2014 年的相关数据	微观经济学的一般范式	绿色信贷会降低银行的营业利润，但通过扩大贷款总额能够一定程度上抵销其带来的利润损失
5	宋晓玲和吴嘉伊（2017）	最早加入赤道原则的 8 家银行 2006—2014 年的面板数据	面板模型	增加赤道原则 C 类信贷项目个数以及环保领域信贷项目的数量，可以提升赤道银行财务绩效
6	李苏和贾妍妍等（2017）	2011—2015 年 16 家上市商业银行	面板模型	实施绿色信贷有助于提高银行绩效，降低银行风险
7	孙光林和王颖等（2017）	五大国有控股商业银行 2008—2016 年的数据	面板模型	绿色信贷能够降低商业银行的信贷风险

续表

	作者	样本	研究方法	研究结论
8	刘立民和牛玉凤（2017）	14 家上市商业银行 2010—2015 年的相关数据	面板模型	国有商业银行在绿色信贷方面具有规模效应，且绿色信贷比率的增加将推动银行盈利能力的提高
9	周再清和马浥浥（2017）	16 家国内上市商业银行的相关统计数据		短期内绿色信贷表现的优化并不能明显转化为银行财务绩效的提升，该功能的发挥需要一定的时间
10	王晓宁和朱广印（2017）	2009—2015 年 12 家国内商业银行的面板数据	动态博弈模型；面板模型	清退“两高一剩”贷款会对商业银行的盈利能力产生负面影响，实施时间越长，负面作用越小
11	王晓宁和朱广印（2017）	6 家国内商业银行 2009—2015 年的相关统计数据	全局主成分法	绿色信贷在短期内会对银行的经营效率产生负面影响，但从长期来看，呈现积极的正向作用
12	谢婷婷和荆影影（2018）	2009—2016 年 12 家上市商业银行（包括 5 家国有控股商业银行和 7 家股份制商业银行）的相关数据	面板模型	绿色信贷对商业银行整体盈利及中间业务、表外业务都具有正向作用，但效果并不显著
13	何凌云和吴晨（2018）	9 家上市商业银行（包括 4 家国有控股商业银行和 5 家股份制商业银行）2008—2016 年相关数据	系统 GMM 回归方法	商业银行的绿色信贷能够提高其总资产收益率，有助于提升商业银行的竞争力
14	任康钰和张晨希（2018）	16 家上市商业银行的面板数据	微观理论模型	绿色信贷有助于提高股份制商业银行的资产收益率，大型国有商业银行更容易达到利润最大化的条件

续表

	作者	样本	研究方法	研究结论
15	志学红和王国栋等（2018）	中国工商银行等10家商业银行2009—2015年的相关统计数据	线性回归模型	绿色信贷水平与商业银行盈利能力正相关
16	高晓燕和高歌（2018）	20家国内上市商业银行的数据	固定效应的面板模型	绿色信贷规模的扩大有助于推动商业银行竞争力的提升
17	田国双和杨茗（2018）	国内16家上市商业银行的相关统计数据	相关分析和拟合分析	绿色信贷有助于提升商业银行的财务绩效

同期，一些学者的研究得出了不同的结论。例如，周再清和马浥浥等使用于晓刚所设计的银行绿色信贷综合表现评价指标体系①刻画商业银行的绿色信贷表现。研究发现，银行可以实现改进绿色信贷表现与提升财务绩效的双赢，但短期内绿色信贷表现的优化并不能明显转化为银行财务绩效的提升，该功能的发挥需要一定时间。② 王晓宁和朱广印基于动态博弈模型的研究发现，清退“两高一剩”贷款会对商业银行的盈利能力产生负面影响，实施时间越长，负面作用越小。③ 王晓宁和朱广印将6家商业银行分为两类：A类为绿色信贷的先行银行，包括兴业银行、招商银行、浦发银行；B类为稍后实施绿色信贷政策的银行，包括中信银行、光大银行和民生银行。研究发现，实施绿色信贷在短期内会对银行

---

① 参见于晓刚《中国银行业环境记录（NGO版2014）》，云南科技出版社2014年版，第3—4页。

② 周再清、马浥浥、曾建华：《我国上市银行绿色信贷表现及其财务绩效关联性研究》，《广西财经学院学报》2017年第1期。

③ 王晓宁、朱广印：《商业银行实施绿色信贷对盈利能力有影响吗？——基于12家商业银行面板数据的分析》，《金融与经济》2017年第6期。

的经营效率产生负面影响，但从长期来看，呈现出积极的正向作用。[①] 谢婷婷和荆影影以2009—2016 年 12 家上市商业银行（包括 5 家国有控股商业银行和 7 家股份制商业银行）的相关数据作为样本。研究发现，绿色信贷虽然对商业银行整体盈利及中间业务、表外业务都具有正向作用，但效果并不显著。[②]

由于代理变量、研究方法及所选样本的差异，不同学者的实证检验可能产生不同的结果。多数学者选择的样本都包括了五大国有控股商业银行，并且发现国有商业银行在推进绿色信贷效益显现的过程中具有规模效应和先行效应。[③] 通过对现有相关研究的梳理、归纳与总结，得出如下四项基本结论。

第一，绿色信贷具有显著的环境效益。绿色信贷政策的实施，能够从信贷存量与新增流量两个方向，提高高污染、高排放行业的债务成本，引导资金从“两高”行业退出，增加绿色生态行业的投资额度，推动节能减排数量的增加。

第二，绿色信贷能够促进产业结构升级。绿色信贷规模的增加，能够推进资金从传统的第一产业、第二产业向第三产业转移，能够引导更多资金流入新能源等战略性新兴产业，助推产业结构的优化升级。

第三，绿色信贷对商业银行的绩效及竞争力具有正面的效应，但短期可能不显著。由于污染行业贷款在商业银行贷款余额中占比较高且对商业银行绩效的贡献较大，而绿色项目面临的不确定性较高，风险较大。因此，在绿色信贷业务开展之初，其对商业银行的影响可能是负面的，但从长期来看，绿色信贷规模的增加将对商业银行产生积极作用。

第四，国有控股大型商业银行的绿色信贷业务具有规模效应，并且

---

① 王晓宁、朱广印：《绿色信贷规模与商业银行经营效率的关系研究——基于全局主成分法的实证分析》，《金融与经济》2017 年第 11 期。

② 谢婷婷、荆影影：《利率市场化、绿色信贷对商业银行利润驱动的实证研究》，《财会研究》2018 年第 4 期。

③ 刘立民、牛玉凤、王永强：《绿色信贷对我国商业银行盈利能力的影响——基于 14 家上市银行的面板数据分析》，《西部金融》2017 年第 3 期；任康钰、张晨希：《绿色信贷对我国商业银行业绩的异质性影响——基于 16 家上市商业银行面板数据的分析》，《武汉金融》2018 年第 5 期。

在绿色信贷政策的贯彻实施中具有先行效应和示范效应。受到政策压力及自身盈利动机的双轮驱动，国有商业银行在绿色信贷政策的实施和推广中发挥了重要功能。

第三节　国有金融、绿色信贷与银行效率关系的实证检验

追根溯源，商业银行对绿色信贷的探索与创新源于政策压力与营利性需求的双重推动。积极探索构建绿色信贷与商业银行盈利性能的耦合机制，能够为商业银行推进绿色发展提供持续动力，确保绿色信贷政策落实的长效性。然而，绿色信贷业务的开展是否会影响商业银行的效率？国有商业银行与股份制商业银行绿色信贷与效率之间的关系是否存在显著差异？对上述两个问题的解答有助于明辨和厘清国有金融利用绿色信贷推进绿色发展的动机与路径。

现有关于绿色信贷业务如何影响商业银行的研究，主要集中于探讨绿色信贷政策的实施或绿色信贷业务开展对商业银行的财务绩效、竞争力等维度的影响，较多采用面板模型测算绿色信贷余额或绿色信贷政策实施哑变量对总资产收益率等单一盈利指标或财务指标体系的影响，鲜有研究从银行效率的视角，检验绿色信贷对商业银行的影响并进一步关注国有商业银行的异质性。

本书在现有研究的基础之上，使用 MaxDea 软件基于 SBM – DEA 模型测算包含非期望产出的银行效率，并进一步利用脉冲响应函数刻画绿色信贷业务的开展对商业银行技术效率的作用路径，使用 DEA – Tobit 模型检验国有金融能否通过绿色信贷提升银行效率。

一　基于 SBM – DEA 模型的商业银行效率评估

效率是银行业关注的核心指标之一，能够较为准确地刻画银行整体的经营状况及资源配置的效能。

（一）模型选择

目前，用于测算效率的方法主要包括两大类：其一是以随机前沿分

析法（Stochastic Frontier Approach，SFA）、自由分布法（Distribution Free Approach，DFA）、厚前沿方法（Thick Frontier Approach，TFA）等为代表的参数化估计方法；其二是以数据包络分析（Data Envelopment Analysis，DEA）及其演化模式为代表的非参数化估计方法。由于参数化估计要求预设生产前沿函数的形式并对其参数进行估计，因而在经济效率的测算中，非参数化方法相对更为方便且应用更为广泛。[①] Charnes、Cooper 和 Rhodes 最早基于线性规划方法提出了 DEA 方法，[②] Sherman 和 Gold 首次将 DEA 方法引入银行业效率的评价。[③] 国内学者张健华则最早使用数据包络分析及其改进模型对国内国有商业银行、股份制商业银行和城市商业银行 1997—2001 年的效率进行测度和比较。[④] 随着研究的逐步深入，DEA 方法也由早期单纯考虑期初投入与期末产出的“黑箱评价”，演化到考虑中间业务流程的二阶段 DEA，[⑤] 并进一步演化至考虑外部环境的三阶段 DEA。[⑥] 在投入—产出的变量选择方面，早期关于商业银行效率的测度仅仅考察了期望产出（或“好”产出），而未考虑非期望产出（或“坏产出”）。Chambers 等对此进行了改进，提出了基于 DEA 方法的方向性距离函数（Directional Distance Function，DDF），可以同时实现期望产出的扩张和非期望产出的缩减。[⑦] 在线性规划的测算方面，由径向（投入导向或

---

① 周逢民、张会元、周海、孙佰清：《基于两阶段关联 DEA 模型的我国商业银行效率评价》，《金融研究》2010 年第 11 期，第 169—179 页。

② Charnes A.，Cooper W. W.，Rhodes E.，“Measuring the Efficiency of Decision Making Units”，*European Journal of Operational Research*，Vol. 2，No. 6，1978，pp. 429 – 444.

③ H. David Sherman，Franklin Gold，“Bank Branch Operating Efficiency：Evaluation with Data Envelopment Analysis”，*Journal of Banking & Finance*，Vol. 9，No. 2，1985，pp. 297 – 315.

④ 张健华：《我国商业银行效率研究的 DEA 方法及 1997—2001 年效率的实证分析》，《金融研究》2003 年第 3 期。

⑤ 周逢民、张会元、周海、孙佰清：《基于两阶段关联 DEA 模型的我国商业银行效率评价》，《金融研究》2010 年第 11 期；韩松、王二明：《中国商业银行整体效率研究——基于具有中间投入和中间产出的综合网络 DEA 模型》，《经济理论与经济管理》2015 年第 8 期。

⑥ 蓝虹、穆争社：《我国农村信用社改革绩效评价——基于三阶段 DEA 模型 Malmquist 指数分析法》，《金融研究》2016 年第 6 期；周朝波、彭欢：《互联网金融崛起下中国上市商业银行效率研究——基于三阶段 DEA 法》，《征信》2018 年第 12 期。

⑦ Chambers R.，Chung Y.，Fare R.，“Profit，Directional Distance Functions，and Nerlovian Efficiency”，*Journal of Optimization Theory & Applications*，Vol. 98，No. 2，1998，pp. 351 – 364.

产出导向）发展到以 SBM 为代表的非径向逼近。在规模报酬的假定方面，由规模报酬不变的 CCR 模型逐步发展到规模报酬可变的 BBC 模型。DEA 模型通过构建有效前沿，测算不同决策单元与有效前沿的距离来评估其效率，其结果位于 0 和 1 之间，效率越高则越接近于 1，但无法对有效前沿上决策单元的相对效率进行测算。Anderson 等提出超效率模型，在区分有效单元和无效单元之后，能够实现对有效单元的进一步分析和排序。[①] Tone（2002）将 SBM 模型与超效率分析有机结合，综合两种模型的优势，提高了效率分析结果的价值。

为提升研究结果的可靠性，本书借鉴 Tone 的研究，选择包含非期望产出的超效率 SBM－DEA 模型对商业银行的技术效率、纯技术效率和规模效率进行测算，模型构建为：

$$\rho = \min \frac{\frac{1}{m}\sum_{i=1}^{m}(\bar{x}/x_{ik})}{\frac{1}{a+r}\left(\sum_{g=1}^{a}\overline{y^{d}}/y_{gk}^{d} + \sum_{b=1}^{r}\overline{y^{u}}/y_{bk}^{u}\right)}$$

$$s.t.\begin{cases}\bar{x} \geqslant \sum_{j=1,j\neq k}^{n} x_{ij}\lambda_j \\ \overline{y^{d}} \leqslant \sum_{j=1,j\neq k}^{n} y_{gj}^{d}\lambda_j \\ \overline{y^{d}} \geqslant \sum_{j=1,j\neq k}^{n} y_{bj}^{d}\lambda_j \\ \bar{x} \geqslant x_k;\overline{y^{d}} \leqslant y_k^{d};\overline{y^{u}} \geqslant y_k^{u} \\ \lambda_j \geqslant 0;\ i = 1,2,\cdots,m;\ j = 1,2,\cdots,n \\ g = 1,2,\cdots,a;\ b = 1,2,\cdots,r\end{cases}$$

式中：ρ 表示测算的商业银行的效率；j 代表决策单元，n 代表决策单元的个数；i 代表投入变量，m 代表投入变量的个数；g 代表产出变量中的期望产出，a 代表期望产出的个数；b 代表产出中的非期望产出，r 代表非期望产出的个数；x、y^d、y^u 分别代表投入矩阵、期望产出矩阵和

① Andersen, Petersen, Christian N.,“A Procedure for Ranking Efficient Units in Data Envelopment Analysis”, *Management Science*, Vol. 39, No. 10, 1993, pp. 1261－1264.

非期望产出矩阵中的元素。

当$\rho \geqslant 1$时，决策单元有效；当$\rho < 1$时，决策单元相对无效。

（二）投入—产出指标选择

DEA利用多个决策单元的投入变量与产出变量构建有效前沿，进而测度不同决策单元的相对效率。投入—产出变量的选择是使用DEA方法的关键环节。商业银行投入—产出指标选择的方法有多种，学界普遍将其划分为生产法、中介法和资产法三类。其中，生产法将商业银行视为企业，侧重于评估商业银行的经营绩效，一般选择“雇员数”“营业成本”“营业面积”等实务性投入因素作为投入指标，使用最终提供的产品或服务的数量作为产出指标；中介法强调商业银行作为金融中介机构的职能，一般选择利息支出、非利息支出作为投入变量，选择利息收入、非利息收入等指标作为产出变量；资产法侧重于评估商业银行资金运转的效率，将资产负债表中的负债类账户作为投入指标，资产类账户作为产出指标。① 此外，亦有学者将其划分为“生产法”“收支法”和“中介法”三类，或“生产法”“资产法”“中介法”“附加值法”和“用户成本法”②。

基于金融中介理论，本书综合生产法和中介法，将利息支出和非利息支出（营业支出）作为投入指标，将正常贷款、非利息收入作为产出指标，将不良贷款余额作为非期望产出指标。

（三）样本选取

本书测算商业银行效率旨在识别绿色信贷业务开展对商业银行效率的影响以及该效应在国有银行和股份制银行之间呈现的差异性。在样本选取上，本书选择中国银行业协会（2018）发布的《2017中国银行业100强榜单（以核心一级资本净额排序）》前50家银行作为研究对象，

① 于刚、张智晴：《基于DEA-Malmquist指数的中国商业银行效率研究》，《东北财经大学学报》2019年第1期；蓝虹、穆争社：《我国农村信用社改革绩效评价——基于三阶段DEA模型Malmquist指数分析法》，《金融研究》2016年第6期。

② 蔡跃洲、郭梅军：《我国上市商业银行全要素生产率的实证分析》，《经济研究》2009年第9期；周朝波、彭欢：《互联网金融崛起下中国上市商业银行效率研究——基于三阶段DEA法》，《征信》2018年第12期。

剔除样本数据存在缺失的30家银行，最终选择中国工商银行、中国建设银行等20家商业银行作为决策单元；选取2011—2017年作为时间区间；样本数据源于Wind数据库，缺失数据从对应年份的年报中补齐。

（四）商业银行效率结果分析

本书使用MaxDea软件对包含了非期望产出的超效率SBM－DEA模型进行处理，测算得到20家商业银行2011—2017年的技术效率、纯技术效率和规模效率（如表2.6所示）。

表2.6　　2011—2017年20家商业银行的效率

项目	年份	2011	2012	2013	2014	2015	2016	2017
技术效率（CRS）	工商银行	0.9662	1.0051	1.0019	1.0126	1.0042	1.0154	1.0067
	建设银行	1.0148	1.0103	1.0118	1.0044	1.0121	1.0205	1.0164
	中国银行	1.0505	1.0530	1.0504	1.0271	1.0234	1.0306	1.0041
	农业银行	0.6585	0.6876	0.6986	0.7036	0.6716	0.7020	0.7342
	交通银行	0.9615	0.8341	0.7307	0.7681	0.7543	0.7739	0.7453
	招商银行	1.1470	1.1286	1.0415	1.0539	1.0712	1.0969	1.0885
	中信银行	1.0160	0.7379	0.6998	0.6776	0.7300	0.6872	0.7414
	民生银行	1.0155	1.0346	1.0562	1.0197	1.0432	0.7464	0.6632
	浦发银行	1.0266	1.0236	0.8339	0.7855	0.6425	0.7077	0.6744
	兴业银行	1.1382	1.1607	1.0175	0.6548	0.5198	0.5448	0.5858
	光大银行	0.9031	0.7003	0.7731	0.7018	0.6977	0.6873	0.6668
	平安银行	0.8623	0.5909	0.5939	1.0091	0.8237	0.6660	0.6023
	华夏银行	0.4091	0.5107	0.6048	0.6571	0.6876	0.6890	0.6844
	北京银行	1.0020	0.7099	1.0428	1.0384	1.0268	0.7411	0.6948
	上海银行	0.5989	1.0173	1.0050	0.7682	0.8269	0.6788	1.0070
	广发银行	1.0436	1.0565	1.0716	1.2280	1.3028	1.2783	1.2955
	江苏银行	0.5523	0.5723	0.5072	0.4941	0.5015	0.5567	0.4240
	南京银行	0.5281	0.5635	0.5042	1.0067	1.0542	1.0135	1.0254
	宁波银行	0.5686	0.5110	0.4654	0.7681	1.0208	1.1228	1.2602
	上海农商行	0.5047	0.5093	0.5132	0.5947	0.9760	1.0477	1.0335

续表

项目	年份	2011	2012	2013	2014	2015	2016	2017
纯技术效率（VRS）	工商银行	1.1097	1.0896	1.1213	1.1267	1.1242	1.0583	1.0927
	建设银行	1.0195	1.0263	1.0165	1.0048	1.0126	1.0256	1.0166
	中国银行	1.0511	1.0531	1.0524	1.0276	1.0358	1.0477	1.0172
	农业银行	0.6594	0.7192	0.6994	0.7042	0.6719	0.7023	0.7343
	交通银行	1.0064	1.0071	0.7474	0.7840	0.7625	0.7756	0.7903
	招商银行	1.1606	1.1454	1.0479	1.0597	1.0818	1.1140	1.0960
	中信银行	1.0167	0.7442	0.7362	0.7045	0.7446	0.6979	0.7572
	民生银行	1.0175	1.0348	1.0570	1.0198	1.0753	1.0372	0.7830
	浦发银行	1.0367	1.0343	1.0299	0.7862	0.6570	0.7101	0.7383
	兴业银行	1.1495	1.1718	1.0242	0.6600	0.5227	0.5582	0.7137
	光大银行	0.9255	0.7279	0.8005	0.7630	0.7143	0.6968	0.7032
	平安银行	0.9178	0.6391	0.6654	1.0101	1.0002	0.6692	0.6082
	华夏银行	0.4613	0.5556	0.6893	0.7055	0.7294	0.7243	0.6907
	北京银行	1.0309	1.0073	1.0590	1.0447	1.0385	1.0140	1.0087
	上海银行	1.0162	1.0414	1.0265	0.8288	0.8275	0.8384	1.0143
	广发银行	1.0582	1.0858	1.1194	1.3341	1.3365	1.2891	1.3111
	江苏银行	1.0002	0.7529	0.7104	0.6291	0.5139	0.5583	0.4459
	南京银行	1.1893	1.2488	1.2765	1.1104	1.0564	1.0190	1.0257
	宁波银行	1.0161	1.0674	1.0064	1.0895	1.0676	1.1552	1.3011
	上海农商行	1.1862	1.1540	1.2214	1.2988	1.4158	1.5163	1.4564
规模效率	工商银行	0.8707	0.9225	0.8935	0.8987	0.8932	0.9594	0.9213
	建设银行	0.9954	0.9844	0.9954	0.9996	0.9995	0.9950	0.9998
	中国银行	0.9995	0.9999	0.9981	0.9995	0.9880	0.9836	0.9871
	农业银行	0.9987	0.9560	0.9988	0.9991	0.9995	0.9996	0.9999
	交通银行	0.9553	0.8282	0.9777	0.9798	0.9892	0.9978	0.9430
	招商银行	0.9883	0.9853	0.9939	0.9945	0.9902	0.9847	0.9932
	中信银行	0.9993	0.9916	0.9506	0.9619	0.9804	0.9848	0.9791
	民生银行	0.9980	0.9998	0.9992	0.9999	0.9701	0.7196	0.8469
	浦发银行	0.9903	0.9896	0.8097	0.9992	0.9779	0.9967	0.9135
	兴业银行	0.9902	0.9906	0.9935	0.9920	0.9946	0.9759	0.8209

续表

项目 \ 年份		2011	2012	2013	2014	2015	2016	2017
规模效率	光大银行	0.9758	0.9621	0.9659	0.9199	0.9768	0.9864	0.9481
	平安银行	0.9395	0.9246	0.8924	0.9989	0.8236	0.9952	0.9904
	华夏银行	0.8868	0.9192	0.8773	0.9314	0.9426	0.9512	0.9909
	北京银行	0.9720	0.7048	0.9848	0.9940	0.9887	0.7309	0.6888
	上海银行	0.5894	0.9768	0.9790	0.9269	0.9992	0.8097	0.9928
	广发银行	0.9862	0.9730	0.9573	0.9205	0.9747	0.9917	0.9881
	江苏银行	0.5522	0.7602	0.7140	0.7855	0.9758	0.9971	0.9508
	南京银行	0.4440	0.4512	0.3950	0.9066	0.9979	0.9946	0.9996
	宁波银行	0.5596	0.4787	0.4625	0.7050	0.9562	0.9720	0.9686
	上海农商行	0.4255	0.4413	0.4202	0.4579	0.6894	0.6909	0.7097

在三类效率中，技术效率是同时考察了商业银行的制度与管理水平、规模因素的综合效率；纯技术效率是在规模报酬可变的假设前提之下，剔除了规模因素的影响，对商业银行制度与管理水平的测度；规模效率是指在技术水平一定的情形下，现有规模与最优规模的差异。本书重点考察商业银行开展绿色信贷业务对其经营管理的影响，故此处重点关注商业银行的纯技术效率。

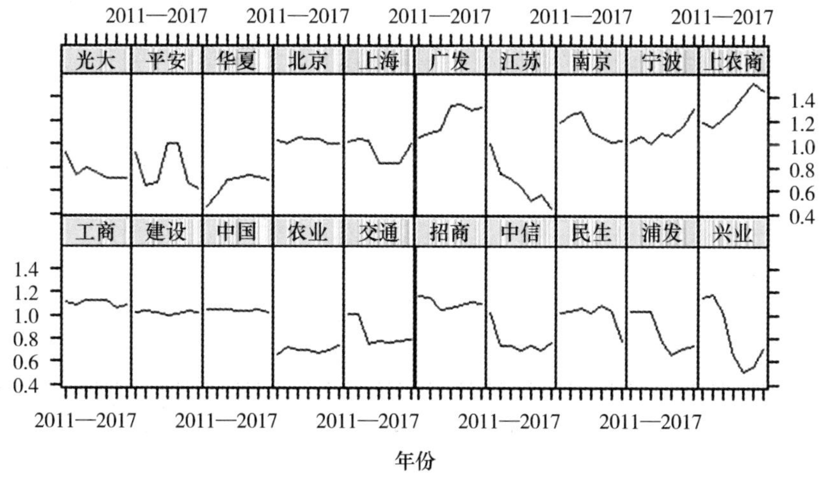

图 2.3　2011—2017 年商业银行纯技术效率

图2.3的结果表明，国有控股商业银行的纯技术效率相对较高且比较稳定，股份制商业银行的纯技术效率存在较大的个体差异，稳定性较差是其共性特征。在国有控股的大型商业银行中，中国工商银行、中国建设银行、中国银行的纯技术效率接近于有效前沿且相对比较稳定；中国农业银行的相对效率水平最低但呈现上升的态势，交通银行的纯技术效率在历经初期快速下降之后，处于相对稳定的水平。在股份制商业银行中，招商银行、北京银行、广发银行、南京银行、宁波银行、上海农商银行的纯技术效率较高，中信银行、民生银行、浦发银行、兴业银行均在陡降之后逐步稳定回升，光大银行、平安银行、华夏银行处于相对较低水平，上海银行历经波动之后逐步回升。

二 绿色信贷与商业银行纯技术效率的动态关系检验

绿色信贷政策的实施会直接改变商业银行的贷款结构，进而影响商业银行的效率；与此同时，商业银行效率的提升，亦可能引致绿色信贷业务的扩大。为了刻画绿色信贷与商业银行效率之间的相互关系，本书构建了双变量的PVAR模型，并基于脉冲响应函数，重点测算绿色信贷业务开展对商业银行效率的影响路径。

本书使用2011—2017年20家商业银行绿色信贷占比（GREENC_R）[①] 来表征绿色信贷业务的开展，用上文商业银行纯技术效率的测算值（PTE）来表征商业银行效率。样本数据源于各个银行对应年度的《社会责任报告》，缺失的数值通过查找年报补足。

样本数据的平稳性是应用PVAR的前提。表2.7提供了变量单位根检验的结果，表明PTE、GREENC_R在10%的显著性水平下均平稳。

表2.7 变量单位根检验结果

变量	统计量	P值
PTE	-9.8065	0.0000***

① 绿色信贷余额占比=绿色信贷余额/贷款余额。

续表

变量	统计量	P 值
GREENC_R	-1.3295	0.0918*

注：*** ** 和 * 分别表示在 1%、5% 和 10% 的显著性水平下显著。

本书基于 PVAR 模型进行脉冲响应检验，发现绿色信贷占比的正向波动会对商业银行效率产生显著的负面冲击，并且随着时间的推移，负面影响会逐步增加，但增速递减，在第 8 期之后开始出现逆转，商业银行的效率逐步收敛于低于期初的水平。脉冲响应分析的结果与李程和白唯等[①]、方恒[②]等学者以财务指标作为效率进行测算的结果一致，且契合绿色信贷“挤占”其他高收益贷款可能造成商业银行效率损失的逻辑。

三　政府持股比例、绿色信贷与商业银行效率的实证分析

为了进一步量化绿色信贷业务对商业银行效率的影响，本书结合超效率值下限为 0 的数据特征，选择 DEA - Tobit 模型对商业银行纯技术效率的影响因子进行分析。为了识别国有金融在二者关系方面存在的异质性，本书在模型中加入了政府持股比例与绿色信贷占比的交互项。为了规避不同商业银行体量不同可能对估计结果造成的影响，本书选择总资产作为控制变量。

在具体指标的选择上，本书使用绿色信贷余额来表征绿色信贷业务的状况，为消除量纲影响，在测算中使用了绿色信贷余额的对数值（*Lngreenc*）来替代；为了与本书对国有金融资源的界定保持一致，此处并未采取现有研究中以中国工商银行、中国建设银行、中国银行、中国农业银行、交通银行作为国有银行的典型做法，而是使用政府持股比例（*Gov*）来表征商业银行的国有成分，通过对样本银行前十大股东中政府

① 李程、白唯等：《绿色信贷政策如何被商业银行有效执行?》，《南方金融》2016 年第 1 期。

② 方恒：《绿色信贷对商业银行盈利性影响研究》，《周口师范学院学报》2018 年第 3 期。

所持股份的层层穿透，测算得到各个银行的政府持股比例，将政府持股比例高于50%的银行，其国有成分的指标设定为1，其他银行设定为0；本书使用政府持股比例与绿色信贷占比的交互项（*Gov_greencr*）作为指标，测度国有成分较高的银行在绿色信贷与效率的关系方面是否存在异质性；为消除量纲影响，本书使用标准化后的总资产（*Sasset*）作为控制指标。

表2.8　　面板模型回归结果

变量	系数	统计量	P值
Lngreenc	-0.0760	-5.7495	0.0000***
Gov_greencr	2.7146	1.8477	0.0646*
Gov	-0.0766	-1.7151	0.0863*
Sasset	0.0715	1.7630	0.0779*
C	1.7382	12.2021	0.0000***

注：*** ** 和 * ”分别表示在1%、5%和10%的显著性水平下显著。

本书使用Eviews8.0对DEA - Tobit模型进行测算，所得结果如表2.8所示。绿色信贷对商业银行的效率具有显著的负向影响，表现为绿色信贷余额每增长1%，将导致商业银行的纯技术效率下降0.07%，这与上文脉冲响应的分析结果一致。政府持股比例的高低对商业银行的纯技术效率亦有较为显著的负面影响，影响程度相对较小，这与目前商业银行效率的相关研究结论一致。政府持股比例与绿色信贷占比的交互项对商业银行纯技术效率具有显著的正向影响，表明国有成分占比较高的银行，其绿色信贷业务的开展有助于推进自身技术效率的提升。

综合上述实证分析的结果，本书得出如下基本结论。

第一，国有成分占比较高的银行，其纯技术效率相对较低。

第二，从商业银行整体来看，绿色信贷业务的开展会对商业银行的纯技术效率产生显著的负面影响，但影响程度相对较小。

第三，国有成分占比较高的银行开展绿色信贷业务，有助于提升自身的技术效率，即国有金融开展绿色信贷业务既是贯彻落实国家发展战略的政治职能的体现，亦是提升改进效率的经济动机的持续推动。绿色信贷业务的开展为国有金融提升效率开辟了新路径。因此，在当前阶段，国有金融率先大力推广绿色信贷业务是提升信贷资源配置“绿色化”水平的最优路径。

针对上文所归纳总结的绿色信贷发展面临的“痛点”，建议从发挥国有银行的示范效应及健全制度供给两个维度着眼，为绿色信贷的后续发展创造良好的制度环境。

其一，发挥多层次国有金融体系的效能，探索绿色信贷相关参与者的利益协调机制。利用政策性银行的特殊定位，增加其对短期盈利能力较弱但社会效益、环境效益显著的节能环保等绿色项目的融资；利用国有商业银行对政治绩效与盈利能力的双重诉求，设置试点加大创新力度，丰富现有的产品体系和发展模式，建立个性化的绿色信贷方案；利用股份制商业银行中国有成分的功能，加强发展理念的宣传与渗透，助推股份制商业银行加强能力建设，推进绿色信贷业务的快速发展。

其二，健全绿色信贷配套的制度供给，优化绿色信贷发展的制度环境。利用货币政策，通过将绿色信贷纳入宏观审慎评估体系（MPA），优先接受绿色贷款资产作为再贷款和常备借贷便利的担保品等举措为绿色信贷的发展提供支持；建立信息共享机制，构建专门的环境信息数据库，降低绿色信贷项目审批与执行中的信息不对称；优化激励机制，在短期内通过税收优惠、财政补贴等形式激发商业银行开展绿色信贷业务的动力；统一绿色标准，健全第三方认证制度，为绿色信贷项目的验收提供保障。

第四节　本章小结

本章系统梳理了绿色信贷的源起、发展与现状，采用文献分析法归纳了绿色信贷在改进环境质量、助力产业结构优化升级及推进商业银行可持续发展等方面的能效，随后使用包含非期望产出的 SBM - DEA 模型测算商业银行的超效率，并进一步利用脉冲响应分析和 DEA－Tobit 模型，测算国有商业银行绿色信贷的配置效率，发现国有成分占比较高的商业银行，其绿色信贷业务的开展对于其自身的纯技术效率具有较为显著的正向作用。

第三章

国有金融利用绿色保险推进绿色发展研究

自从“十三五”规划正式将“发展绿色金融”上升为国家战略以来，绿色保险作为绿色金融体系的重要组成部分和履行社会责任、创造社会价值的主要承载主体，在践行国家绿色金融战略中的地位和作用不断显现。本节将从绿色保险的内涵、我国绿色保险的发展历程及现状切入，对国有金融资源助推绿色保险市场发展的路径进行分析，并针对我国绿色保险市场的短板及发展面临的难点与问题，提出破解的对策与建议。

第一节　绿色保险及其在我国的发展

一　绿色保险的源起与内涵

目前，学术界与业界并未对绿色保险的定义形成一致意见，更多是从广义与狭义的视角以绿色保险的涵盖范围为标准进行界定。从广义上来讲，绿色保险是指以经济社会活动所引发的环境风险作为标的的一系列保险产品和保险制度安排以及相关的长期治理机制。从狭义的层面来看，绿色保险则主要包括应对环境污染事故的短期保险工具及以气候变化所可能带来的风险为标的的长期保险工具。我国目前对绿色保险的界定局限于环境污染责任险，即以企业需要承担的由其生产行为造成的环境污染给第三方带来损失的赔偿责任为标的的风险①。本书对我国绿色保险市场的分析使用的是国内普遍采用的狭义的界定。

二 绿色保险在我国的发展

我国对绿色保险的初步探索可以追溯到20世纪90年代。1991年，环境保护部选择长春、沈阳、吉林等城市作为试点推行环境责任保险，但是受制于经济发展水平及制度环境不健全等多重因素的影响，试点工作并未取得显著进展，环境责任保险的推进被暂时搁置。

2006年6月，国务院在《关于保险业改革发展的若干意见》中，明确提出综合运用市场机制、政府引导、强制推行等多种举措，从煤炭行业开始试点，逐步推进责任保险的发展规划，要求保险机构加强创新，积极开展环境责任保险等多种责任保险业务。以此作为开端，国务院各部委及地方政府部门相继发布了一系列的支持文件，我国绿色保险市场正式起航（见表3.1）。

经过七年的探索，以企业自愿参与环境责任保险为主导的形式在应对环境风险维度并未发挥出预期的功能。为了应对日益严峻的环境问题，原环保部、原保监会在2013年联合发布了《关于开展环境污染强制责任保险试点工作的指导意见》，决定选择试点，强制要求涉重金属企业以及地方政府已纳入投保范围的企业购买环境污染责任保险，鼓励石油天然气开采、石化、化工等高污染企业参与环境责任投保。2015年1月，《中华人民共和国环境保护法》从国家法律的层面，鼓励企业投保环境污染责任保险。同年6月，国务院在《关于加快推进生态文明建设的意见》中明确了试点要进一步深化环境污染责任保险工作，并提出建立巨灾保险制度的规划。同年9月，国务院在“五位一体”发展规划的指引之下，制定了《生态文明体制改革总体方案》，明确了发展环境污染强制责任保险制度的目标，建议通过构建绿色评级体系等举措完善环境风险的评估。

---

① 田辉：《中国绿色保险的现状问题与未来发展》，《发展研究》2014年第5期；王文、曹明弟：《绿色保险护航“一带一路”建设》，《中国金融家》2018年第1期；邵传林、雒玉箫：《动态博弈视角下绿色保险发展的背景、动因及政策支持研究》，《北京化工大学学报》（社会科学版）2018年第2期。

2016 年 9 月，央行联合相关部委发布了《关于构建绿色金融体系的指导意见》，要求在环境高风险领域建立环境污染责任保险制度，充分发挥保险机构在风险评估与防范维度的优势，通过保险产品与服务的创新，增强企业的投保意愿，契合企业的保险需求，推动绿色保险的发展。

环境污染问题具有显著的外部性，而我国绿色保险的发展在短期内只能依靠企业自愿投保的方式，难以满足应对环境问题的需求。2017 年 6 月，原环境保护部公布了《环境污染强制责任保险管理办法（征求意见稿）》。生态环境部于 2018 年 5 月 7 日审议并原则上通过了《环境污染强制责任保险管理办法（草案）》，开始从投保范围、费率厘定、合同格式、风险评估与排查、事故核定与赔偿等方面细化环境污染强制责任保险的具体方案，为绿色保险的发展提供了法律支撑。

表 3.1　　2006—2018 年我国颁布实施的绿色保险相关政策法规

制定主体	时间	文件名称
国务院	2006 年 6 月	《关于保险业改革发展的若干意见》
环保总局、保监会	2008 年 2 月	《关于环境污染责任保险工作的指导意见》
环保部、保监会	2013 年 1 月	《关于开展环境污染强制责任保险试点工作的指导意见》
第十二届全国人民代表大会	2015 年 1 月	《中华人民共和国环境保护法》
国务院	2016 年 1 月	《关于推进农村一二三产业融合发展的指导意见》
人民银行、财政部等六部委	2016 年 9 月	《关于构建绿色金融体系的指导意见》
保监会	2017 年 5 月	《关于保险资金投资政府和社会资本合作项目有关事项的通知》
环境保护部	2017 年 6 月	《环境污染强制责任保险管理办法（征求意见稿）》
生态环保部	2018 年 5 月	《环境污染强制责任保险管理办法》

资料来源：笔者结合相关文件整理。

三 我国绿色保险承保与投保现状

从承保端来看，自2008年出台《关于环境污染责任保险工作的指导意见》以来，我国环境污染责任险的投保企业和投保金额都呈现出快速增长的态势（参见表3.2）。其中，投保企业的数量由700家（2008年）快速增加到5000家（2014年），随后回落到4000家（2016年），保费收入由1200万元上升到28000万元，占比由0.0051%上涨到0.032%，所占比例上涨了5.29倍。从投资端来看，根据中国保险资产管理业协会（以下简称“中保资协”）统计，截至2018年4月底，以债权投资计划形式进行绿色投资的保险资金规模达6854.25亿元，细分来看，在新能源方向直接投资666亿元；在水利建设方向直接投资506.44亿元；在市政建设方向直接投资178.6亿元；在环保方向直接投资52.7亿元等。[①]

表3.2　　2008年以来环境污染责任险的发展情况

年份	投保企业数量	环责险保费收入（万元）	占当年财产保险保费总收入的比例（%）
2008	700	1200	0.0051
2009	1700	4300	0.015
2012	2000	14600	0.0274
2014	5000	7000	0.0097
2016	4000	28000	0.0321

数据来源：参见郑晓《我国绿色保险存在的问题及发展方向》，《上海保险》2017年第7期。

从部分保险资金的绿色投向来看，目前主要以政府持股比例较高的保险公司为投资主体，投向集中在水能与风能等新能源领域、能源结构调整升级及节能环保领域（参见表3.3）。

① 中国保险资产管理业协会，https://mp.weixin.qq.com/s?__biz=MjM5Nzc4MzQ4Mw%3D%3D&idx=2&mid=2653353736&sn=bf8f5f6848c3e65c-6e0f23e110c5b76c。

表 3.3　　部分保险资金绿色投向

部门	投资规模	项目名称	计划名称
水能、风能领域	50 亿元	小湾水电站	平安—华能澜沧江债权投资计划
	50 亿元	锦屏一级水电站	平安—二滩水电债权投资计划
	30 亿元	糯扎渡水电站	华泰—云投糯扎渡债权投资计划
	30 亿元	四川大渡河长河坝水电站	国人寿—大唐发电债权投资计划
	30 亿元	中广核风电	平安—中广核风电债权投资计划
	20 亿元	水磨口光伏、阳高光伏等	太平洋—国际电力债权投资计划
能源结构调整和升级领域	360 亿元	中石油西一、二线西部管道项目	中意资产、泰康资产等机构参与的中石油西一、二线西部管道项目股权投资计划
	100 亿元	华北地区农村“煤改气”项目	中保投资、中国燃气控股共同设立保险行业首个清洁能源发展基金
节能环保领域	10 亿元	节能环保项目	人保资产参与的“人保资产—中节能新材料环保产业基金股权投资计划”

资料来源：中国保险资产管理业协会发布于中国保险报，http：//xw. sinoins. com/2018 - 06/07/content_263209. htm.

第二节　国有金融资源推动绿色保险发展的路径

国有金融资源作为贯彻执行国家发展战略与发展理念的核心力量，在推动供给侧结构性改革、绿色经济的发展等方面发挥了重要作用。绿色保险兼具防控环境风险与为绿色项目融资的双重功能，其资金投放的长期性特征更能契合绿色项目资金需求的特征，能够避免绿色信贷可能存在的期限错配问题。与此同时，保险机构在环境风险评估与防控方面的能力能够帮助企业降低环境风险，进而实现从绿色项目融资与环境风险防控双重渠道推进绿色经济的发展，对于绿色发展目标的实现具有重要意义。国有金融资源可以从融资机制和市场孵化机制两个方面促进绿色保险市场的发展。

一 国有金融通过融资机制推动绿色保险的发展

国有金融具有显著的规模效应，且在履行环境维度的社会责任方面具有义务性、强制性和社会性。我国绿色保险的内涵目前局限于环境污染责任险，以企业环境污染对第三方可能带来的损失所要承担的责任为标的。由于环境风险的负外部性及高度的不确定性，保险机构推行绿色保险面临较大的资金缺口且动机不强。

国有金融可以通过融资机制缓解绿色保险发展面临的资金压力。其一是国有持股比例较高的保险机构加快开发绿色保险产品，为推广绿色保险业务提供资金支持，发挥其规模效应和示范功能，吸引更多资金来推动绿色保险市场的发展；其二是建立国有持股比例较高的保险机构与国有控股商业银行之间的联动机制，由国有控股商业银行设计执行针对绿色保险投保企业在融资条件和融资成本方面的优惠政策，增强企业的投保意愿，同时缓解绿色保险机构面临的资金压力，推动绿色保险市场进一步发展。

二 国有金融通过市场孵化机制推动绿色保险的发展

国有金融以国家信用为依托，在信用增进、市场制度与基础设施构建方面具有显著优势，能够通过市场孵化机制优化市场环境，吸引多种资本类型以推动绿色保险的发展。

国有金融推动绿色保险发展的市场孵化机制集中体现在两个方面。其一是增强能力建设。国有持股比例高的保险机构可以利用自身较强的研发能力与风险承受能力，积极优化探索环境风险的评估方法、环境风险防控的技术及方案设计和环境责任的鉴定标准等，提高绿色产品与服务的创新能力。其二是健全市场基础设施建设。国有金融可以通过构建市场标准，筛选资质达标的中介机构，承担环境风险评估、环境污染损失评估等工作。同时构建保险机构、银行和环保部门之间的环境信息共享机制，建立环境信息数据库，降低市场参与主体的信息搜集成本与信息不对称，促进绿色保险市场的健康发展。

第三节 我国绿色保险发展面临的问题及解决方案

历经近三十年的探索与间断性的发展，我国以环境污染责任险作为主要内涵的绿色保险取得了一定的进展，保险机构以债权形式投资的绿色项目金额达到6854.25亿元。[①] 但从整体来看，与绿色信贷、绿色债券的快速发展相比，绿色保险发展相对缓慢且存在企业认知不足、企业投保积极性不高、市场基础设施不完善等诸多问题。因此，从宏观层面、中观层面和微观层面对目前我国绿色保险面临的问题进行梳理具有现实意义。

一 我国绿色保险发展面临的"痛点"

首先，从宏观层面来看，我国绿色保险发展面临的问题主要体现在绿色保险的内涵界定不全面、法律体系不健全、政策支持举措不完善等多个方面。

一是绿色保险的定义不够准确和全面。我国目前将绿色保险局限于环境污染责任险，限定了绿色保险的覆盖范围，限制了企业产品及服务创新的空间，降低了绿色保险的功能。

二是绿色保险相关法律体系不健全。目前，提及绿色保险的上位法仅有2015年修订的《中华人民共和国环境保护法》中提及的"鼓励企业投保环境污染责任险"。2018年5月7日，生态环保部审议并原则上通过了《环境污染强制责任保险管理办法（草案）》，针对从投保到理赔的流程及操作给予了指导，为环境污染险的强制性推进提供了法律依据。由于其强制投保的范围有限，尤其是目前我国尚未制定明确的法律，强制要求企业将环境污染的外部性成本内部化，限制了环境污染强制责任保险功能的发挥。

三是政策支持举措不完善。目前，我国为增强绿色保险的环境效益，

① 中国保险资产管理业协会，https://mp.weixin.qq.com/s?__biz=MjM5Nzc4MzQ4Mw%3D%3D&idx=2&mid=2653353736&sn=bf8f5f6848c3e65c-6e0f23e110c5b76c。

制定了一些配套的扶持政策。例如，投保环境污染责任险的企业，可以从银行获得融资支持。但由于宣传力度小，多数企业不了解支持政策，且银行贷款审批流程长导致该项政策并未发挥预期功效，企业投保的积极性依然不高。[①] 关于对绿色保险投保企业的税收减免、对保险机构的财政贴息、风险补偿等举措缺乏可供参考的实施细则。

其次，从中观层面来看，我国绿色保险发展面临的制约因素主要体现在基础设施不完善、中介机构不健全和行业标准不统一三个方面。

一是基础设施不完善。环境污染事件的偶发性、复杂性及风险的不确定性均较高，对保险机构的风险评估、保费厘定及责任划归的技术提出了较大的挑战。保险机构的保单设计及业务推广，依赖于对保险事件发生频率和潜在损失等要素的统计。但在环境风险领域，数据库的缺失制约了绿色保险业务的开展，而已有数据的完整性和真实性难以得到有效保障，进一步加剧了保险机构发展绿色保险的风险。

二是中介机构不健全。由于保险机构在绿色保险的推广、环境风险评估、损失认定及责任界定方面存在不足，需要专门的具备相关资质与技术专利的第三方机构为其提供配套服务。目前，保险市场上相关中介机构的缺失，制约了绿色保险业务的开展与推广。

三是行业标准不统一。以保费厘定为例，环境污染责任险的保费由主保险费、附加保险费、费率调整系数、续保调整系数和浮动系数共同决定。就调整系数而言，环境污染责任险涉及行业不同、规模不同、地区不同、承包区域不同、环境敏感度不同等诸多因素。目前，行业内尚未就环境污染责任险的上述调整因子的数额或计算形成统一标准。

最后，从微观层面来看，绿色保险发展面临的问题主要包括企业对绿色保险的认识不足，投保积极性较低。保险机构在承保端的动力不足也导致投资端绿色项目的标准不够清晰。

一是企业对绿色保险的认识不足，投保积极性较低。由于对绿色理念、责任原则、绿色保险产品等内容的宣传力度不足以及渗透度有限，

---

① 邵传林、雒玉箫：《动态博弈视角下绿色保险发展的背景、动因及政策支持研究》，《北京化工大学学报》（社会科学版）2018 年第 2 期。

导致企业对环境污染责任险的认知不足。另外，由于环境事件的偶发性和外部性，企业存在一定的侥幸心理，与此同时，由于缺少对环境事件频率、损失程度等数据的统计及披露，导致企业难以辨别投保是否是最优的行为选择，导致其投保积极性比较低。

二是保险机构在承保端动力不足，在投资端面临绿色项目的筛选难题。对于保险机构而言，受制于信息不对称及技术“瓶颈”，难以对企业的环境风险进行准确评估，产品及盈利的不确定性导致其缺乏推广绿色保险的动力。在投资端，绿色项目缺乏明确的界定标准，逆向选择及道德风险的存在导致保险机构难以有效辨别“真绿”和“伪绿”项目，造成误判的资金成本和时间成本高昂。

二　推进我国绿色保险健康发展的建议

绿色保险市场的快速发展及其环境效益、经济效益的实现需要市场参与主体共同发力。因此，从政府、保险机构、企业及其他金融机构的视角，探讨如何通过优化不同主体的行为推动绿色保险的发展的方案具有现实意义。

第一，优化政府行为，从健全法律法规体系、优化政策支持、加强基础设施建设及发挥国有金融的市场孵化功能等多个方面着手，为绿色保险创造更广的发展空间和更好的发展环境。其一，健全绿色保险相关的法律体系，以法律条文的形式明确规定对环境污染行为的惩罚机制，降低企业的侥幸心理，尽早落实《环境污染强制责任保险管理办法》。提高绿色保险的投保率，同时逐步扩充绿色保险的内涵，扩大绿色保险市场的发展空间。其二，通过政策供给优化激励机制，可以考虑由政府设置专项资金，利用国有金融资源，为投保企业提供补贴，为保险机构提供补偿。同时匹配税收和信贷优惠政策，提高企业和保险机构参与绿色保险的积极性。其三，完善基础设施建议，通过牵头建立环境风险信息数据库及信息共享机制，打破企业、保险机构与监管部门之间的信息壁垒，降低市场上的信息不对称。同时，鼓励在政府持股比例较高的保险机构的带动下，加快技术研发和产品创新，构建环境污染责任保险的行业标准。其四，利用国有金融的市场孵化功能，通过信用增进等方式加快市场制度的建设与完善，牵引和推动绿色保险市场的发展。

第二，创新保险机构业务，从增加技术研发投入、加快产品与服务创新、加强投资者教育等三个方面着手解决绿色保险发展面临的问题。其一，加大技术研发投入，通过技术创新来提高环境污染风险和损失的评估水平，提高投资端绿色项目筛选的有效性。其二，加快产品与服务创新，以不同行业及不同规模企业对环境污染责任险的不同诉求，开发个性化和差异化的绿色产品与服务，健全绿色保险的产品体系。其三，加强投资者教育，通过自身培训金牌讲师或聘用专门的培训机构，采用讲座和短期培训等多样化的方式，加强绿色理念、责任原则以及社会责任投资理论等内容的宣讲，增强企业对绿色保险的认知。

第三，拓展实体微观企业参与绿色保险的深度与广度。企业应从贯彻执行绿色发展理念和完善信息披露等方面进行改进，积极参与绿色保险市场。其一，发挥国有企业的示范功能，严格贯彻落实“两山论”，提高环保意识。通过参与培训与自我学习等多种途径，了解绿色发展理念及其对企业长期发展的重要意义。其二，及时、完整、准确地披露与企业生产经营活动相关的环境信息。对于环境污染事件发生的频次和对第三方造成的损失等信息及时披露，为绿色保险产品的设计提供信息基础。其三，从深度和广度拓展绿色保险市场的参与度。发挥国有大型保险公司在市场拓展与产品研发方面的绝对优势，动员更多的企业参保，扩大绿色保险的广度，同时引领更多的保险公司开展绿色保险业务，提升绿色保险的深度。

第四节　本章小结

本章系统梳理了绿色信贷的源起、发展与现状，并分析我国绿色保险投保端和承保端的现状，识别政府持股比例较高的保险机构对绿色保险市场的贡献，进而从融资机制和市场孵化机制两个维度，厘清国有金融推动绿色保险发展的路径。从宏观、中观、微观三个层面分析绿色保险面临的问题，并提出相关建议。

第四章

国有金融利用绿色证券推进绿色发展研究

近些年来，绿色证券作为我国金融体系中最具潜力的绿色融资模式之一受到市场越来越多的关注，正在给绿色发展提供强劲动力。绿色证券对于提高直接融资比重、提升服务实体经济能力、促进经济可持续发展的作用逐步凸显。统计数据显示，在绿色债券方面，2016 年我国在境内外发行的绿色债券金额为 2294 亿元，发行规模居全球首位。2017 年发行绿色债券 2710 亿元，仅次于美国市场的规模。① 2018 年，中国仍是全球绿色债券市场的第二大发行来源，符合国际绿色债券定义的中国绿色债券发行额达到 2103 亿元，中国绿色债券的募集资金投向广泛领域，按气候债券分类方案划分，投向低碳交通领域的募集资金占比最大，占 2018 年发行总额的 33%。② 在绿色基金方面，截至 2018 年年底，全国公募发行的绿色环保主题证券投资基金 56 只，按发行份额合计规模 1254.8 亿元。截至 2018 年年底，我国绿色私募证券投资基金合计 499 只。③

本章将分别从绿色债券、绿色基金着眼，深入剖析国有金融利用绿色证券推进绿色发展的机制。重点讨论国有成分的功能发挥，并基于演化博弈理论，分析在考虑未来收益时，国有金融资源如何通过不同风险分配来实现资源优化配置。提出具有可操作性的政策建议。

---

① 马骏：《我国绿色债券市场与发展前景》，《中国证券》2018 年第 2 期。

② 数据来源：中国绿色债券市场 2018 年度报告。

③ 数据来源：Wind 数据库。

第一节 绿色债券及其市场中国有成分的影响与发展

在“创新、协调、绿色、开放、共享”五大发展理念的指引下，绿色金融逐步成为落实金融服务实体经济的重要途径。绿色债券在期限结构、利率等诸多维度的特性，契合了政府、绿色企业及投资者的诉求，使其成为绿色金融的重要组成部分之一。对于政府而言，绿色债券的发行缓解了财政在应对环境及气候融资方面的压力，有助于推动可持续发展目标的实现；对于绿色企业而言，绿色债券能够提供不同期限结构的产品，且利率相对较低，为融资主体开辟了新的融资渠道；对于投资者而言，绿色债券丰富了可供选择的资产类别，有助于投资者参与绿色发展的投资并分散投资组合的风险。

2016 年 8 月，国家相关部委联合出台《关于构建绿色金融体系的指导意见》，要求从完善制度环境、降低融资成本、建立健全第三方评估和评级标准等方面推进绿色债券发展。在相关政策以及国有金融机构的支持和推动下，绿色债券市场自 2016 年以来，取得了长足发展。我国现已成为全球绿色债券发展的引领者和相关标准的制定者，为全球绿色债券的发展积累了宝贵经验。本节首先介绍绿色债券的内涵、类别、发展历程及现状，然后结合可得数据重点分析国有金融资源在绿色债券发展中的功能，最后针对绿色债券发展中面临的问题，提出具有可操作性的建议。

一 绿色债券及其发展

绿色债券本质上是一种债券债务凭证，与普通债券的区别在于，其募集资金的投向为节能环保、清洁能源、应对与适应气候变化、生态环境维护等有助于可持续发展的绿色领域。在实践中，已完成工业化进程的发达国家与尚处于工业化进程之中的发展中国家对“绿色”的认知存在差异。对发达国家而言，绿色领域更多侧重于应对气候变化、清洁能源等领域。对于发展中国家而言，“绿色”的范畴更为广泛，既包括应对气候变化，也包括对土壤污染、水污染的防治以及对高污染、高能耗企业的改造。

国际上被广泛采用的绿色债券标准的主要包括两个。其一是国际资本市场协会（ICMA）2014 年在《绿色债券原则》（*Green Bond Principles*, GBP）[①] 中的定义，认为在募集资金用途、项目评估和筛选流程、募集资金管理、报告和披露四个方面满足要求且投向绿色项目的债券均可被认定为绿色债券。[②] 其二是气候债券倡议（*Climate Bond Initiatives*, CBI）（2011）在《气候债券标准》（*Climate Bonds Standard*, CBS）中的定义。[③] 相比于 GBP 的标准，CBS 更为具体地划分了绿色项目的范围，它排除了与化石燃料相关的项目，将投向于太阳能、风能、快速公交系统、低碳建筑、低碳运输、生物质能、水资源、农林、地热能、基础设施环境适应力、废弃物管理、工业能效和其他可再生能源等的债券定义为绿色债券。

我国绿色债券的标准参照了中国金融学会绿色金融专业委员会（简称绿金委）于 2015 年 12 月发布的《绿色债券项目支持目录》，确定了节能、污染防治、资源节约与循环利用、清洁交通、清洁能源、生态保护和适应气候变化 6 大类和 31 小类符合条件的绿色项目。根据监管机构和发行主体的不同，我国的绿色债券进一步细分为绿色金融债、绿色公司债、绿色企业债、非金融企业绿色债务融资工具。其中，绿色金融债主要由政策性银行、开发性银行、国有控股商业银行、股份制商业银行、企业集团财务公司及其他依法设立的金融机构发行，由中国人民银行进行监管；绿色公司债主要由满足条件的上市公司发行，由证券交易所负责具体操作流程，由中国证监会负责；绿色企业债由其他的企业发行，由发改委进行监管。除此之外，还包括由中国银行间市场交易商协会监管的中票、短融、定向工具等非金融企业绿色债务融资工具（如表 4. 1 所示）。

---

① 自 2014 年发布后，经历多次修订，目前使用的是 2017 年 6 月的最新版本。

② 国际资本市场协会：《绿色债券原则》，http：//www. icmagroup. org/Regulatory-Policy-and-Market-Practice/green-bonds/green-bond-principles/。

③ 目前使用的是 2017 年实施的 CBS2. 1 版本。

表 4.1 根据监管机构和发行主体分类的绿色债券

监管部门	债券类型	细分类别
人民银行	绿色金融债	普通金融债券
		累进利息金融债券
发改委	绿色企业债	一般企业债
		项目收益债
		专项债
		集合债
		可持续债券
		并购企业债券
证监会	绿色公司债	大公募公司债券
		小公募公司债券
		非公开发行公司债券
		资产支持证券
		可转债
		可交换债
		并购重组私募债券
交易商协会	非金融企业绿色债务融资工具	中票
		短融（含超短融）
		定向工具
		项目收益票据
		集合票据
		长期限含权中票
		并购票据
		供应链票据
		资产支持票据
		信贷资产支持证券

资料来源：Wind 数据库。

从我国绿色债券的发展历程来看，虽然以绿色环保项目作为投向的债券早年便有，但国内学术界与业界普遍将中广核风电有限公司于 2014 年发行的碳债券作为我国绿色债券的雏形。2016 年 1 月，浦发银行在中国银行间市场发行首只绿色金融债券，正式开启了我国的绿色债券市场。

随着《绿色债券发行指引》（发改委，2016）、《关于开展绿色公司债券试点的通知》（上海证券交易所，2016；深圳证券交易所，2016）和《非金融企业绿色债务融资工具业务指引》（中国银行间市场交易商协会，2017）等文件的相继出台，绿色企业债、绿色公司债及非金融企业绿色债务融资工具陆续涌现且规模不断扩大，使我国绿色债券市场的规模居于全球前列。

根据气候债券倡议组织CBI的统计数据，全球绿色债券的市场规模从2012年的30亿美元急剧上升到2016年的925亿美元，2016年同比增幅超过100%。[①] 2017年，我国境内“贴标”绿色债券累计发行114只，与2016年相比，实现发行数量的翻倍增长。

绿色债券发行规模不断扩大。Wind数据库披露的信息显示，自2014年以来，我国绿色债券市场在非常短的时间里实现了从无到有，从小到大。以中国人民银行、发改委、证监会为代表的政府机构出台的一系列政策，为各类绿色债券的发行提供了政策支持。2016年，绿色债券发行规模2294.43亿元，成为全球最大绿色债券市场；2017年，国内绿色债券发行规模仅次于美国，在全球位居第二位，发行规模达到2710.63亿元；2018年以来，绿色债券市场快速发展的态势持续，全年发行规模达到2359.88亿元（如图4.1所示）。[②]

绿色债券发行主体多样。目前，我国绿色债券的发行主体包括了政策性银行、开发性银行、国有控股商业银行、股份制商业银行、企业集团财务公司及其他依法设立的金融机构、满足条件的上市公司、企业等。其中，各类金融机构共发行绿色金融债103只，占比22.59%，发行规模4073亿元，占比63.72%。按发行规模看，绿色金融债在所有发行主体中所占比重最高；按发行数量看，资产支持证券数量最多，达到40.79%（见表4.2）。

---

① Climate Bonds Initiative, Bonds and Climate Change: The State of the Market in 2016 [EB/OL], 2016.

② 数据来源：Wind数据库。

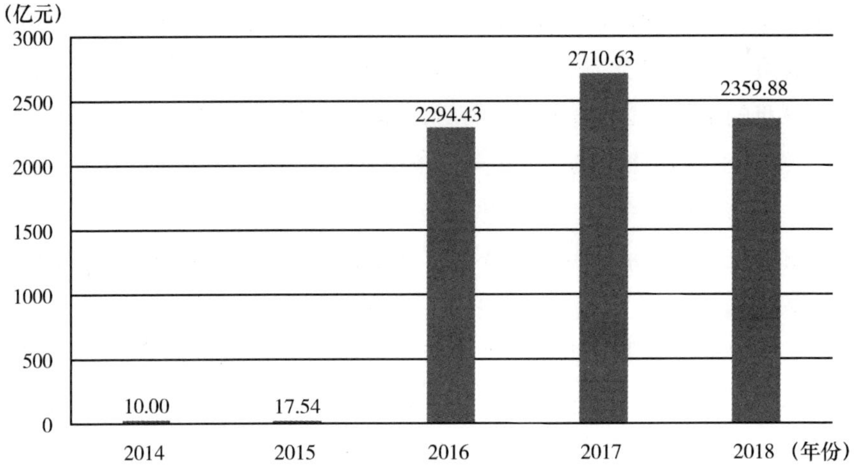

图 4.1 绿色债券年发行规模情况

数据来源：Wind 数据库。

表 4.2 2014—2018 年绿色债券发行数量和规模情况

类别	发行只数	只数比重（%）	发行额（亿元）	规模比重（%）
金融债	103	22.59	4073	63.72
政策银行债	12	2.63	480	7.51
商业银行债	85	18.64	3553	55.59
其他金融机构债	6	1.32	40.00	0.63
企业债	49	10.75	681	10.66
一般企业债	49	10.75	681	10.66
公司债	77	16.89	835	13.06
私募债	26	5.70	217	3.39
一般公司债	51	11.18	618	9.67
中期票据	39	8.55	401	6.27
一般中期票据	39	8.55	401	6.27
短期融资券	2	0.44	12.00	0.19
一般短期融资券	2	0.44	12.00	0.19
资产支持证券	186	40.79	389	6.09
银监会主管 ABS	11	2.41	76	1.18
交易商协会 ABN	23	5.04	79	1.24
证监会主管 ABS	152	33.33	235	3.67

数据来源：Wind 数据库。

绿色债券募投项目的预期环境效益显著。2016 年境内发生“贴标”绿色债券所投项目预期可实现节约标准煤 744 万吨/年，减排二氧化碳 1802 万吨/年，减排二氧化硫 0.43 万吨/年，减排氮氧化物 0.25 万吨/年。同时，在减排颗粒物及减排化学需氧量方面也效果明显。对比 2017 年发行的 186 只“贴标”绿色债券中，共 65 只债券明确披露了预期环境效益，绿色债券募投项目所产生的环境效益预期在节约标准煤、减排二氧化碳、减排二氧化硫等方面均有爆发式增长。同时，已披露预期环境效益可实现节约用水 1568 万吨/年，治理河道 375 公里，造林面积可达 3254 公顷（如表 4.3 所示）。①

表 4.3　　2016 年和 2017 年发行绿色债券产生的环境效益

环境效益	2016 年	2017 年
节约标准煤（万吨/年）	744	6992
减排二氧化碳（万吨/年）	1802	18084
减排二氧化硫（万吨/年）	0.43	252
减排氮氧化物（万吨/年）	0.25	22
减排颗粒物（万吨/年）	6.4	9581
减排化学需氧量（万吨/年）	2.9	12
减排生化需氧量（万吨/年）	—	14
减排氨氮（万吨/年）	—	2
处理固体废弃物（万吨/年）	—	849
节约用水（万吨/年）	—	1568
治理河道（千米）	—	375
造林面积（公顷）	—	3254

数据来源：公开信息整理。

二　绿色债券市场中的国有成分及其影响分析

（一）国有金融资源推动绿色债券市场发展的机制与功能

在绿色债券市场的建设与发展过程中，国有金融机构和国有企业发

① 参见《中国绿债发行量持续高速增长，环境效益显著》，https：//www.sohu.com/a/220798459_618575。

挥了重要的功能。国有金融一般兼具政策性与商业性的双重属性，虽然依据政府持股比例的不同，政策性银行、国有控股的大型商业银行与股份制商业银行中的国有成分在贯彻落实政府相关政策举措时的方式、力度等存在差异，但在生态环境问题日益凸显、绿色发展面临较大的资金缺口的情形之下，国有金融资源在推进绿色债券市场的建设方面责无旁贷。

一方面，由于绿色项目所需资金额度较大、期限较长、不确定性较高，与其盈利能力不匹配，尤其是公益性的绿色项目，难以形成对社会投资者的吸引力。而国有金融机构及国有企业在市场制度建设、信息获取、风险管控等方面的优势，能够借助规模效应的发挥，在一定程度上降低绿色项目风险可能带来的损失。

另一方面，国有金融机构及国有企业的性质决定了其践行社会责任的义务性、强制性和法定性，而市场责任、环境责任是“三重底线理论”中所界定的“社会责任”的重要组成部分，绿色债券市场为国有金融机构和国有企业履行环境责任提供了新的路径。

国有金融资源在绿色债券市场发展中的功能集中体现在以下三个方面。

第一，发挥规模效应，推动市场发展壮大。国有金融机构或国有企业以国家信用作为依托且体量较大，其参与绿色债券的发行，能够降低绿色债券的融资成本，推动相关市场快速发展，进而跨越成本较高的萌芽阶段，降低了市场运行的不确定性，使绿色债券得到广泛关注。

第二，发挥示范功能，培育并引领社会资本进入绿色债券市场。国有金融机构或国有企业运用金融孵化机制，通过传播社会责任投资和绿色投资理念，分享发行或投资绿色债券的经验与教训，引导更多资本类型进入，促进绿色债券市场参与主体的多元化发展。

第三，发挥制度优势，健全金融基础设施。国有金融机构或国有企业通过参与绿色债券市场并对其进行深入研究，利用自身的天然优势，及时向中国人民银行、发改委、证监会等主管部门反馈制度缺陷，助推政府修订并完善绿色债券的制度环境。与此同时，国有金融机构或国有企业可以借助自身在信息获取、风险评估等方面的优势，率先进行环境信息的持续披露，同时构建环境风险数据库，完善绿色债券市场发展所需的基础设施。

（二）国有金融引领绿色债券市场发展的实证

从绿色债券的发行数量来看，国有性质绿色债券占比在80%以上，说明在壮大绿色债券市场的过程中，国有金融资源发挥了主导作用。从动态发展的趋势来看，随着时间的推进，国有性质绿色债券发行数量的占比呈现整体下降的趋势，即在前期构建绿色债券金融体系过程中，国有资源起到了带头作用。在市场慢慢成熟之后，非国有性质的绿色债券发行数量逐渐上升，这在一定程度上体现了国有金融资源的示范效应，即国有金融资源能够培育和引导多样化的资本进入绿色债券市场（见表4.4）。

从绿色债券的发行规模来看，在绿色债券市场还未壮大之前，除2015年中外合资企业保利协鑫（苏州）新能源有限公司单笔10亿元绿色债券的出现，使得金额占比较低外，其余年份国有性质发行主体发债金额都在85%以上。这也进一步表明国有金融资源在绿色债券市场上具有规模效应，充分体现了其在绿色债券市场发展中的贡献（见表4.4）。

表4.4　　绿色债券分类统计

	全部绿色债券		国有性质		只数占比（%）	金额占比（%）
	绿债发行数	金额（亿元）	绿债发行数	金额（亿元）		
2014	1	10	1	10	100	100
2015	6	17.54	5	7.54	83.33	42.99
2016	82	2294.43	70	2230.75	85.37	97.22
2017	186	2710.63	158	2361.44	84.95	87.12
2018	216	2359.88	189	2265.63	87.5	96.01

注：①国有性质主体包括：政策性银行、央企、地方国企；②全部绿色债券除上述国有性质主体外，还包括民营企业、外商独资企业、中外合资企业。

数据来源：Wind数据库。

从绿色金融债的发行人来看，国家开发银行、交通银行、浦发银行、兴业银行发行规模达500亿元，中国农业发展银行为380亿元，北京银行为300亿元，其他29家发行人共计741亿元（见表4.5）。

表4.5 不同发行人的规模

序号	发行人	发行规模（亿元）
1	国家开发银行	500
2	交通银行股份有限公司	500
3	上海浦东发展银行股份有限公司	500
4	兴业银行股份有限公司	500
5	中国农业发展银行	380
6	北京银行股份有限公司	300
7	其他29家	741

数据来源：Wind数据库。

其中，国家开发银行、交通银行、中国农业发展银行属于国有银行。浦发银行、兴业银行、北京银行虽为股份制商业银行，但以三家银行截至2016年年末的前十大股东为对象进行层层穿透分析后发现，其国有成分占比分别为39.53%、37.41%、18.19%。为了更准确地测算国有性质金融资源的贡献度，本书以国有成分占比为权重，计算浦发银行、兴业银行、北京银行发行规模可计入国有性质的数额。经统计分析发现，国有属性的发行规模为1819.27亿元，占53.18%，非国有属性的发行规模为1601.73亿元，占46.82%，进一步从发行人的视角验证了国有金融资源在绿色债券市场的主导地位。

三 推进绿色债券市场发展的建议

本节从绿色债券的内涵、分类、发展历程与现状出发，分析了目前绿色债券市场的发展中暴露的问题，重点从机制与实证两个方面研究了国有金融资源对绿色债券市场发展壮大的贡献。研究得到如下三项基本结论。

第一，我国绿色债券市场处于快速发展阶段，环境效益较为明显。

2016 年，我国成为全球绿色债券发行规模最大的国家，2017 年，发行规模仅次于美国，位居全球第二。2018 年，中国仍是全球绿色债券市场的第二大发行来源，符合国际绿色债券定义的中国绿色债券发行额达到 2103 亿元，中国绿色债券的募集资金投向广泛领域，按气候债券分类方案划分，投向低碳交通领域的募集资金占比最大，占 2018 年发行总额的 33%。绿色债券的发行已推动二氧化碳、二氧化硫、氮氧化物、固体废弃物等污染物排放量的下降。

第二，我国绿色债券市场在制度建设和市场参与主体等方面存在问题。由于多部门牵头，我国并未形成统一的绿色标准，在实施的过程中存在差异化。以交易所债券市场和银行间债券市场作为主要交易平台限制了私人企业等社会资本的参与，阻碍了市场广度的延伸。强制性环境信息披露制度的缺失导致了绿色债券市场的参与主体之间存在严重的信息不对称现象，提高了交易成本，加剧了市场摩擦。

第三，国有金融资源在我国绿色债券市场的发展壮大中发挥了主导功能。通过发挥示范效应、规模效应以及推动健全基础设施等多个维度，国有金融机构及国有企业推动了绿色债券市场的建设，有望引导更多的社会资本进入，协同推进绿色债券市场机制的完善、市场规模的扩大及环境效益的提升。

为进一步推进绿色债券市场的有效发展，针对我国绿色债券发展中暴露的问题，建议从以下四个方面着眼，对现有的制度进行优化和补充。

第一，加强部门之间的协调，统一绿色债券的界定及认证标准。目前，国内绿色债券主要采用的是中国人民银行和发改委的界定和分类，但二者之间并非完全一致，建议在大力推进供给侧结构性改革的背景之下，综合考量我国的资源禀赋、绿色发展的需要以及与国际标准接轨的诉求，总结绿色债券市场运行至今的经验，为我国绿色债券界定形成统一的标准和分类。此外，应借鉴 GPB 和 CBI 的经验，结合经济结构和绿色发展的新动态，定期对绿色债券的标准进行调整。

第二，健全信息披露制度。建议主管部门从信息披露的主体、信息披露的内容及频次、信息披露的格式及信息披露状况的评估等多个方面着眼，在现有自愿性披露的政策框架的基础之上构建相对完善的信息披露制度。

关于信息披露的主体，建议应包括绿色债券的发行人、金融机构、政府监督机构等市场参与主体。其中，对于企业而言，强制性的信息披露可以根据企业规模的大小、上市与否、污染程度的高低等标准依次推进。在实践中，可以按照采取先大企业后小企业，先上市公司后非上市公司，先重污染企业后高耗能企业的顺序分步推进。

关于信息披露的内容及频次，建议结合披露主体的不同给予不同的安排。对于发债企业而言，应至少每年以绿色债券年度报告的形式，对所筹资金的投向、绿色项目的进展及环境效益的状况进行披露；对于金融机构而言，应至少每一季度对募集资金的投向进行公开说明；对于政府的监管机构而言，应建立环境信息数据库和公开的信息共享与交流平台，对绿色债券发行人的环境信息进行公开披露和动态更新。

关于信息披露的格式，建议对不同种类绿色债券设置统一的信息披露模板，并定期进行调整，同时用定量指标取代定性描述，提高披露信息的价值。

关于信息披露的监督，建议建立信息披露评估制度。通过独立的评估机构，制定评价指标体系，对评估对象信息披露的及时性、完整性及有效性进行评级与公布，督促发债企业、金融机构等参与主体提高信息披露的积极性和有效性。

第三，培育专门的第三方绿色债券认证机构。目前，我国还没有强制性要求对绿色债券进行第三方认证并由认证机构出具第二意见。但从国际绿色债券市场发展的经验来看，由第三方认证机构对绿色债券进行二次评估与认定有助于降低市场中的信息不对称，增强市场透明度，从而提高市场效率。因此，应考虑利用国有金融资源，建立独立的绿色认证机构，并由监管机构制定第三方认证机构的评估标准及相关文件，明确绿色认证机构需要具备的资质条件。同时定期对认证机构进行动态评估，要求资质不达标的机构退出市场。在认证工作的落实中，建议强制性要求国有金融机构在发行绿色债券时率先出具第二意见，引领打造第三方认证的行业惯例，进而带动其他发行主体进行第三方认证。

第四，基于社会责任理论培育合格的发行人和投资者。建议国有金融机构发挥经济职能和社会职能，以社会责任投资理论为指导，加强社会责任与绿色理念的教育，引导投资者在经济效益和环境效益之间进行恰当权衡。帮助投资者综合运用正筛选策略和负筛选策略，识别投资对象的环境表现，加大对绿色债券企业的投资，进而丰富绿色债券市场的发行主体，推动绿色债券市场的持续发展。

第二节　绿色基金及国有金融推动其发展的路径

绿色基金是绿色金融体系的重要组成部分。《关于构建绿色金融体系的指导意见》（2016）中，明确规划由中央政府、地方政府、民间资本及国际资本成立不同层次的绿色基金，推动绿色产业的发展。据统计，截至2018年年底，全国公募发行的绿色环保主题证券投资基金56只，按发行份额合计达到1254.8亿元。截至2018年年底，我国绿色私募证券投资基金合计499只。[①] 本节将从绿色基金的内涵分析、我国绿色基金的发展历程的梳理切入，进而分析国有金融助推绿色基金发展的路径，辨析绿色基金发展面临的问题，从基金设立、资金来源与投向、退出机制以及配套的政策安排等多个方面提出具有可操作性的对策建议。

一　绿色基金及其在我国的发展

目前，对于绿色基金的界定主要以募集资金的投向作为标准。一般认为，绿色基金是指以绿色发展为指导，专门针对能源结构优化、节能减排、循环经济发展、应对气候变化等领域建立的专项投资基金。具体而言，绿色基金可以用于投向雾霾、水环境与土壤治理、清洁能源、环境污染防治、提升资源利用效率、气候变化的应对与适应、降低交通行业、建筑行业的能耗等多个领域，故绿色发展基金、绿色产业基金、绿色气候基金、碳基金等都属于绿色基金的范畴。

---

① 数据来源：Wind数据库。

相对于绿色信贷等其他绿色金融模式而言，绿色基金多元化的资金来源优势，更有利于发挥国有金融资源的引导功能，借助于多样化的基金组织形式，带动社会资本、民间资本与国际资本进入，发挥不同资本的合力来推动绿色经济的发展。

自 1982 年，美国发行世界第一只绿色投资基金——Galvert Balanced Portfolio A 以来，绿色基金在全球获得了广泛的关注和较快的发展。相比于美国、英国、欧洲等国家或地区而言，我国绿色基金起步较晚。

1985 年 9 月 27 日，由中国林业局统筹管理的中国绿化基金会，是早期绿色基金的雏形。随后，中国清洁发展机制基金（2006）、中国碳基金（2006）、中国绿色碳基金（2007）等国家层面的碳基金先后设立，并在 CDM 项目、碳汇及支持碳排放交易方面发挥了重要的作用。在地方层面，亦有云南省绿色环境发展基金（2008）、南昌开元城市发展基金（2010）、西宁国家低碳产业基金（2010）、重庆环保产业私募股权基金（2015）、广东省环境基金（2015）、内蒙古自治区环境基金（2016）等先后设立并运行。此外，浙商诺海低碳基金（2010）、低碳先锋基金（2010）、排放权专项资产管理计划（2014）、海通宝碳基金（2015）等企业层面的碳基金，进一步推动了绿色基金市场的发展。[①] 自 2016 年以来，国家先后在“十三五”规划、《关于构建绿色金融体系的指导意见》（2016）中明确了“发展绿色金融，设立绿色发展基金”的长远规划，指出发挥中央政府专项资金的引导功能、鼓励地方政府和社会资本合作、支持社会资本与国际资本合作等多种组织形式，建议采取市场化的运作方式进行投资并支持在绿色基金的发展中引入 PPP 模式，基本完成了绿色基金发展的顶层设计。

2018 年 11 月 10 日，在由中国证券投资基金业协会和中国基金博物馆共同主办的第四届中国并购基金年会上，中国证券投资基金业协会正式发布了《中国上市公司 ESG 评价体系研究报告》和《绿色投资指引（试行）》，其目的也是鼓励基金管理人关注环境可持续性，强化基金管理人对环境风险的认知，明确绿色投资的内涵，推动基金行业发展绿色投

① 徐瑶：《中国碳基金发展机制研究》，博士学位论文，吉林大学，2017 年。

资，改善投资活动的环境绩效，促进绿色、可持续的经济增长。在顶层设计的框架下，中国证券投资基金业协会已经在制定具体的实施细则并督促各基金管理人落实。

二　国有金融推动绿色基金发展的路径

一般情况下，绿色项目的运行周期较长且面临高度的不确定性，难以吸引以逐利作为目标的传统商业性金融资源的关注。尤其是目前针对绿色标准的界定尚不完善，传统商业性金融资源由于信息不对称和技术层面的短板，难以有效辨别“真绿”和“伪绿”项目，进一步降低了其投资绿色项目的动机。不同形式的国有金融资本具有的信息优势、规模效益、市场孵化等特有属性，决定了其能够在绿色项目的筛选和运行中发挥重要的助力。与此同时，通过设立政府引导基金、吸引金融资本与社会资本设立母基金等方式构建绿色基金以推动绿色发展，也是国有金融资本践行社会责任的重要体现。本节将结合绿色基金的实例，阐述国有金融支持绿色基金发展的路径。

（一）政府设立引导基金，吸引金融资本和社会资本进入，共同建立绿色产业基金

政府产业引导基金是各级政府参与传统产业转型和新型产业、进行股权投资和并购投资、推动地方产业结构优化升级的重要途径。相关数据统计显示，截至 2016 年年初，我国国内以七大战略性新兴产业和基础设施建设为主要投资领域，共设立政府引导基金 780 只，规模总额达到 2.18 万亿元。仅 2015 年一年，新设立政府引导基金 297 只，资金规模为 1.50 万亿元，较 2013 年的基金数量与基金规模分别增加了 2.83 倍和 5.24 倍[①]。

以湖北省长江经济带产业基金（以下简称“长江基金”）为例，该基金于 2015 年 12 月设立，由政府出资 400 亿元成立政府引导基金，引入金融机构和社会资本成立 2000 亿元母基金，最终撬动了 1 万亿元投资。长江基金主要选择行业内处于成长期或成熟期的高新技术企业进行投资，

---

① 朱晋、赵燕：《绿色产业基金的发展模式与发展策略》，《银行家》2017 年第 7 期。

与蔚来汽车的合作为政府引导基金筛选投资项目提供了范本。

（二）发挥行业内大型央企的带动功能，发起成立绿色产业投资基金

大型央企中蕴含着大量的国有金融资源，其在行业中所处的龙头地位以及多年深耕的经验，使其更为了解行业发展的现状、结构、“痛点”及资金需求，利用自身的市场势力、信息优势与资金优势，发起设立绿色产业投资基金，能够有效发挥绿色基金的功能，布局和整合产业资源，推动绿色经济的发展。此外，大型央企旗下的上市平台，也能为绿色产业投资基金的退出提供便利条件。

以中广核产业投资基金为例，该基金是国务院批准的第二批五家试点国有产业投资基金之一，于2009年经国家发改委批准设立，中国广东核电集团是投资基金的发起投资人。2015年5月22日，中广核基金管理公司在深圳前海发起设立了中广核三期产业投资基金（简称“三期基金”），主要围绕风电、太阳能、水电等清洁能源领域展开业务。截至2017年3月31日，基金共募集36.898亿元人民币，已完成股权投资12.6亿元人民币，投资新能源项目64万千瓦，项目开发方面已达成170万千瓦的策略合作，与八个符合三期基金投资标准的新能源开发商建立合作关系，可供合作的项目资源高达480万千瓦。正在跟进的投资项目超过200万千瓦，股权投资额近40亿元。①

（三）国有控股的金融机构与行业内知名企业合作，发起设立绿色产业基金

国有控股金融机构与龙头企业的合作，能够充分发挥国有金融机构在金融产品与服务的设计、金融风险的评估与防控方面的优势，利用国有控股金融机构的规模效应及相对较高的抗风险能力，为产业基金的募集与运行提供支持。与此同时，龙头企业的参与充实了绿色产业基金的资金来源，为产业基金的投向提供了充足的信息保障。

启迪中银新能源产业基金是中国银行和启迪控股于2015年联合发起设立的绿色产业基金。该基金充分发挥了清华大学、启迪控股与中国银行各方在技术、产业、服务与金融领域的综合优势，推动了我国能源服

① 中国广核集团在首届投资人大会上发布，http：//www.sohu.com/a/145565467_654060。

务的清洁化和可持续发展。

（四）以 PPP 模式加强推进政府与社会资本的合作，设立环保产业基金

PPP 模式能够倍增国有金融资源的能效，发挥杠杆功能和示范效应，采取多样化的运作模式，发挥国有金融资本与社会资本的合力，推进绿色经济的运行和发展。PPP 绿色产业投资基金的运作模式包括多种：省级政府出资的引导基金与金融机构合作设立的产业基金，以及地方从事基础设施建设的国企与金融机构合作成立的有限合伙基金等都属于以 PPP 模式为依托的绿色产业基金。

我国的 PPP 项目自 2015 年广泛推广以来，历经签约高峰和落地规范，获得了长足的发展。2017 年第三批 PPP 示范项目入库以来，未再新增加 PPP 项目入库，截至 2017 年 6 月，Wind 数据库公布的数据显示，我国 PPP 入库项目共计 13554 个，投资额达到 16.3 万亿元，落地项目 2021 个，投资额 3.3 万亿元，落地率 34.2%。其中，绿色低碳 PPP 项目 7826 个，占比达 57.74%；投资额 6.44 万亿元，占比达 39.35%；绿色低碳 PPP 落地项目 1176 个，占比达 58.19%；落地项目投资额 1.36 万亿元，占比达 41.21%。[①]

三 我国绿色基金发展中的困境及解决思路

我国绿色基金虽然发展速度相对较快，但在发展过程中亦面临诸多困境。

其一是支持政策供给不足且落实不到位。虽然七部委在《构建绿色金融体系的指导意见》中明确了发展绿色基金的方向，但尚未明确具体的制度安排及实施细则，在落实的过程中，不同的部门各自为政，缺乏具体的指引与协调，造成实际推进与规划方向之间存在差距。

其二是信息披露机制不健全。由于缺乏强制性的信息披露要求，部分绿色基金未能及时、完整地披露绿色投资的项目信息，一方面加剧了基金市场的信息不对称，阻碍了基金市场发展规模的扩大；另一方面增

① 数据来源：Wind 数据库。

加了基金监管的难度，导致市场存在“伪绿”的基金。

其三是市场认可度不高。由于绿色投融资本身的高风险、期限错配及信息不对称等诸多问题，对社会资本的吸引力较小。危平和舒浩以中国22只绿色基金作为样本，通过选择对照组，对比二者之间的直接收益与风险，采用单因素模型和多因素模型对风险调整后的收益进行对比分析，发现绿色基金的市场表现明显低于市场平均水平，且绿色基金投资者的风险敏感度较低。[①] 绿色基金虽以生态环境效益显著的项目作为投资方向，经济效益仍是保障其可持续性的必要条件。

针对绿色基金发展面临的问题，应当充分发挥国有金融的功能，建立健全市场机制，通过多元化的资金来源、多样化的组织形式以及科学化的退出机制，提高资本市场对绿色基金的认可度，进而推进绿色基金的发展。具体而言，可以从中央政府、地方政府、非政府组织、国有金融机构四个方面着眼。

第一，在中央政府层面，首先，应在绿色基金发展的顶层设计之下，进一步细化相关政策的实施细则。借鉴荷兰、日本等国家的经验，明确税收优惠、财政补贴等扶持政策的执行标准。其次，健全基础设施建设，完善信息披露机制。强制要求企业、银行、环保部门等相关机构及时、完整、有效地披露环境信息。降低市场参与主体之间的信息不对称，减少信息搜集成本，提高绿色产业基金的运行效率。最后，建立中央层面的绿色产业基金，专门投资对于绿色发展意义重大但盈利能力相对较弱的公益性绿色项目。

第二，在地方政府层面，应探索多样化的绿色基金。深耕“设立引导基金—引导金融机构与社会资本建立母基金—引入多种资本类型建立多只绿色基金”的模式，由地方财政作为劣后级，母基金作为优先级，吸引不同渠道的资本进入。同时以PPP模式作为主导设置绿色发展基金，优化公共部门和私人部门的收益风险共担机制，积极探索资产证券化、项目清算退出及股权回购等退出方式。

---

① 危平、舒浩：《中国资本市场对绿色投资认可吗？——基于绿色基金的分析》，《财经研究》2018年第5期。

第三，在非政府组织层面，应借鉴英国社会投资论坛、美国社会投资论坛及亚洲可持续发展投资协会的经验，以社会责任投资理论和绿色发展理念作为指导，进一步完善和发挥中国责任投资论坛的功能。强化对绿色基金市场参与主体的监督，加强投资者教育，增强资本市场对绿色基金的认可。

第四，在国有金融机构的层面，应充分发挥自身的规模效应与信息优势，积极参与中央政府和地方政府发起设立的母基金和绿色产业基金，加快金融产品与服务创新，为绿色基金的发展探索更科学合理的利益分配机制与退出机制。

第三节　PPP 模式下国有金融资源的绿色化配置

绿色发展既包含对经济存量的绿色化治理，也包括对经济增量的绿色化引导，二者都存在对资本的显性依赖，而单纯依靠财政资金难以弥补其面临的资金缺口。据国务院发展研究中心金融研究所测算，国内绿色产业每年投资需求应在 2 万亿元人民币以上，但政府财政能够提供的资金仅能覆盖 10%—15%。[①] PPP（Public-Private Partnership）能够倍增国有金融资源的能效，发挥杠杆功能和示范效应，采取多样化的运作模式，发挥国有金融资本与社会资本的合力，推进绿色经济的运行和发展。

目前，绿色 PPP 已经取得了一定进展。统计数据显示，目前财政部的 PPP 项目库里，绿色和低碳的项目数量占到约 58%，在整体投资额中占到 39.35%（参见表 4.6）。这说明环保产业与社会资本正在顺利对接，绿色发展将是 PPP 模式主流方向。

① 高通盛融集团发布，https：//news. jrzj. com/bd/194380. html。

表4.6　　绿色 PPP 项目数量、投资额及占比

指标名称	绿色低碳 PPP 项目数/月（个）	绿色低碳 PPP 项目投资额/月（亿元）	绿色低碳 PPP 项目落地数/月（个）	绿色低碳 PPP 落地项目投资额/月（亿元）	占 PPP 入库项目总数比例：绿色低碳 PPP 项目/月（%）	占 PPP 入库项目总投资额比例：绿色低碳 PPP 项目/月（%）
2016 年 1 月	4180.00	34577.00	211.00	2726.00	59.70	42.60
2016 年 12 月	6612.00	54699.00	792.00	8296.00	58.72	40.52
2017 年 6 月	7826.00	64370.00	1176.00	13555.00	57.74	39.35

数据来源：Wind 数据库。

本节将以演化博弈理论作为基础，研究 PPP 模式中政府属性资本方与社会资本方在短期合作与长期合作中的策略选择，分析探讨国有金融资源在使用 PPP 模式推进绿色发展过程所起的作用，回答国有金融资源能否缺失，国有金融资源以多大比例配置社会资本能最大化调动社会资本的积极性等问题。而后以数理分析的结论为参考，对碧水源与汕头市潮南区政府的水处理 PPP 项目后续运营中双方潜在的不同行为策略进行分析。最后对本节内容进行小结，并为如何提升 PPP 模式中国有金融资源的配置效率提供建议。

一　PPP 项目参与主体的博弈分析

PPP 模式的环保产业基金被学者认为是可以兼顾绿色理念、融资效率和产业发展的一项重要的金融创新。李建强和张淑翠认为能够将 PPP 模式与绿色产业基金有机结合，通过引入市场机制和契约精神，调动社会资本参与绿色发展，改善传统环保产业基金聚焦于高利润项目且投资金额呈现顺周期的“过山车”式的局面，借助于 PPP 模式，更好地发挥财政资金的杠杆效应，引导环保产业基金转向低利润的关键性环境问题。[①] 蓝虹和刘朝晖、张型芳亦阐述了 PPP 环保产业基金的内涵，并以天津生态城建设和云蒙湖水环境保护项目为例，论证了 PPP 环保产业基金的功

① 李建强、张淑翠：《PPP 模式的环保产业基金》，《中国金融》2015 年第 20 期。

效，并针对 PPP 环保产业基金运行中可能存在的问题提出应对策略与建议。[①] 孙旭东和毕涛将研究视角转移到环境基础设施领域，对比分析了五种不同的 PPP 模式在应用于环境基础设施时的优点与缺陷，并对 PPP 模式应用于环境基础设施的前景进行了展望。[②]

绿色低碳 PPP 项目具有投资大、建设周期长、合约管理复杂等特点，在项目存续期内面临政策、信用、市场等诸多风险。如何有效合理地分配风险，成为决定 PPP 项目能否顺利落地并实现预期目标的关键因素。[③] 李小莉对已有文献的统计分析表明，国外学者对 PPP 的关注较早，并从 2008 年开始，呈现快速增长的趋势；国内学者对 PPP 的研究热度自 2013 年开始逐步升温，而"风险"是相关文献的核心关注点之一。[④] 林松池从项目利益相关主体和生命周期的视角，分析了水治理领域 PPP 模式中政府、社会资本、项目公司、金融机构、咨询公司等主体，在项目前期、项目建设期、项目运营期、项目移交期以及整个项目周期中可能面临的风险。[⑤]

对于如何破解风险控制的难题，学术界和业界已基本形成一致标准，即尽可能以风险承担能力为基准构建风险分担机制[⑥]。Li，B. 等进一步从宏观、中观、微观三个层面对风险进行划分，认为应当由公共部门独自或与私人部门共同承担大部分的宏观风险与微观风险，由私人部门承担

---

① 蓝虹、刘朝晖：《PPP 创新模式：PPP 环保产业基金》，《环境保护》2015 年第 2 期；张型芳：《绿色金融产品创新：PPP 环保产业基金》，《2015 年中国环境科学学会学术年会论文》（第一卷），中国环境科学学会，2015 年。

② 孙旭东、毕涛：《PPP 模式在我国环境基础设施建设中的应用研究》，《经济师》2015 年第 3 期。

③ Li，B.，Akintoye A.，Edwards P. J.，et al.，"Critical Success Factors for PPP /PFI Projects in the UK Constructionindustry"，*Construction Management and Economics*，Vol. 23，No. 5，2005，pp. 459 – 471.

④ 李小莉：《PPP 项目私人部门行为监管演化博弈机制研究——基于公众参与、声誉及参与方地位非对称的视角》，博士学位论文，暨南大学，2017 年。

⑤ 林松池：《水环境治理 PPP 融资模式风险管理研究》，《生产力研究》2017 年第 8 期。

⑥ Rutgers J. A.，Aley H. D.，"Project Risks and Risk Allocation"，*Cost Engineering*，No. 9，1996，pp. 27 – 30；汪雯娟、彭翔、王波、邱实：《基于风险偏好的 PPP 项目风险分担博弈优化模型》，《工程经济》2018 年第 2 期。

中观风险。[①] Lam 等使用模糊数学建立模型，对风险在公共部门与私人部门之间的分担进行定量分析。[②]

此外，还有大量学者以博弈论作为理论基础，研究公共部门与私人部门在不同风险分担情形下的行为选择。例如，汪勇杰等研究了公共文化领域的 PPP 项目中，在考虑未来收益时，公共部门和私人部门在长短期合作中合理的风险分担比例。[③] 胡振华和刘景月等同样基于演化博弈原理，研究发现在城市基础设施建设中，私营部门与地方政府的自身演化均无法达到最优稳定均衡策略，必须引入上级监管机构的激励约束机制才能确定实现最优稳定均衡策略时的参数条件。激励约束机制的关键要素在于保证私营部门在积极合作策略情形下取得的收益高于采取机会主义行为可能获得的收益，即实现最优稳定均衡策略的必要条件是：地方政府为私营部门提供的财政补贴的额度必须低于上级监管机构给予单方面不履行合约的博弈方的惩罚金额。[④] 张建设等认为，受制于有限理性、信息不完全、内外部环境的不确定性等诸多限制，政府部门与私人部门在初次谈判中，难以通过“事先约定”的方式明确未来所有风险的分配。当出现协议之外的风险尤其是一方认为原有协议不具备适应性之时，双方需要就经营风险的再分担展开博弈，只有政府部门设定科学合理的风险补助、惩罚机制和监督成本，才有可能促使最优策略向“收益共享、风险共担”的方向转变。[⑤]

考虑到绿色项目的长期性以及未来高度的不确定性，本书参考汪勇

---

① Li, B. , Akintoye A. , Edwards P. J. , et al. , “The Allocation of Risk in PPP /PFI Construction Projects in the UK”, *International Journal of Project Management*, Vol. 23, No. 1, 2005, pp. 25 - 35.

② Lam K. C. , Wang, D. , Lee P. T. K. , et al. , “Modelling Risk Allocation Decision in Construction Contracts”, *International Journal of Project Management*, Vol. 25, No. 5, 2007, pp. 485 - 493.

③ 汪勇杰、陈通、邓斌超：《公共文化 PPP 项目风险分担的演化博弈分析》，《运筹与管理》2016 年第 5 期。

④ 胡振华、刘景月、周孔凝：《基于演化博弈的 PPP 模式公私合作机制研究》，《商业研究》2016 年第 7 期。

⑤ 张建设、董保伟、李瑚均：《公私合营（PPP）项目特许经营风险再分担博弈研究》，《项目管理技术》2018 年第 5 期。

杰等的研究，[①] 构建基于绿色低碳 PPP 项目的风险分担博弈模型，分别分析在短期、长期合作的情况下，社会资本的行为选择，以及不同风险分担比率与未来收益对社会资本行为的影响，进而探索如何激励社会资本和政府属性的资本更好地协作，以促进绿色经济的繁荣与发展。

本书模型的基本假设上有所放宽，使模型的应用更符合现实情况。现实生活中，社会资本和国有金融资源共同参与的 PPP 项目在运营阶段，政府可以通过监督发现社会资本的选择进而决定是否给奖励，或根据项目带来的社会效应决定是否加一步追加罚金。汪勇杰等仅在公共文化领域中考虑私人资本在选择积极策略时给奖励，或在选择消极策略时不给奖励。我们考虑社会效应后，进一步考虑了绿色低碳 PPP 项目中，若由于社会资本选择消极策略带来负面社会效应时，给予追加罚金，从而拓宽了模型的使用范围，增强了政策建议的可操作性。

（一）博弈双方效用函数建立

1. 基本假设

绿色发展新趋势下，诸如：污水处理、固废处理、燃气供热等市场中，并存着追求自身利益最大化的社会资本和追求社会效益最大化的政府属性资本。基于这一前提，提出以下基本假设。

（1）政府属性资本方（G）和社会资本方（S）合作，建立同时兼顾公益性和经营性相结合的绿色发展新模式，社会资本能实现稳定的收益，政府属性资本方能在实现公益性的前提下完成“稳增长”目标；

（2）政府属性资本和社会资本双方都是有限理性的；

（3）政府属性资本方的博弈策略为（监督，不监督），以（G_y，G_n）来表示，而社会资本方的博弈策略为（积极合作、消极合作），以（S_1，S_2）来表示，并且在多次博弈过程中可以独立选择博弈策略；

（4）如果社会资本方选择积极合作，建造运营的绿色发展新趋势下的 PPP 项目总能获得社会效益最大化；

（5）政府属性资本方如果制定制度、设立部门负责监督，可以发现

① 汪勇杰、陈通、邓斌：《公共文化 PPP 项目风险分担的演化博弈分析》，《运筹与管理》2016 年第 5 期。

社会资本方的消极行为。

2. 建立模型

假定绿色发展新趋势下的 PPP 项目的投入建设成本为 A，且 $A>0$，政府属性资本方为分担社会资本方部分建设风险，对社会资本方进行建设成本补偿，分担的比例为 $1-\alpha$，其中，$\alpha\in[0,1]$，社会资本方承担的建设成本为 αA。在后期运营阶段，总运营成本为 C，且 $C>0$，政府属性资本方对社会资本方进行运营成本补偿 B，且 $B\geqslant 0$，在一定程度上分担社会资本方的后期运营风险，假定 $\beta=10\frac{B}{C}$，那么，社会资本方需要承担的运营成本为 $\beta * C$，其中，$\beta\in[0,1]$。政府属性资本方成立专门监督部门进行监督的成本为 D，该 PPP 项目产生的社会效益为 W，且 $W>0$。社会资本方在该 PPP 项目的后期运营中获得的收益为 H，且 $H>0$，对社会资本方承诺的运营期限为 T，折现率为 r。

（1）社会资本方选择积极合作博弈策略

社会资本方积极参与入库 PPP 项目的建设和运营，在后期特许运营期间，需要投入运营成本 C_1，即此时总运营成本 $C=C_1$，每期获得运营收入 H_1，绿色发展趋势下的 PPP 项目在完成建设后投入运营，既能完成“稳增长”的目标，也能满足公众的社会公益诉求，从而产生较高的社会效益 W_1。相关 PPP 项目单纯依靠社会资本投入，风险由社会资本方承担，项目的落地率势必打折扣；若单纯依靠政府财政投入，这就要求财政投入的资金大，财政负担过重。因而，政府属性资本方应提供适当的前期建设补偿或后期运营补偿，促进绿色发展趋势下相关 PPP 项目快速落地。为了促使社会资本方选择积极合作策略，政府属性资本方在提供运营补偿基础上，追加激励 F，且 $F>0$，此积极合作策略下，可能会出现 $B+F>C_1$，即只要社会资本方愿意将项目落地到当地，促进当地经济增长，解决就业问题，当地政府就愿意增加资本投入。若使社会资本方和政府属性资本方形成良性循环体系，就能加快绿色经济大发展。

为了简化模型，本书假定项目现金流是连续的，构建连续效用模型，在政府属性资本方进行监督的情况下，政府属性资本方的总效用为：

$$U_{y,g}=\int_0^T(W_1-B-D-F)e^{-rt}d_t-(1-\alpha)A \tag{4.1}$$

由于$\beta = 1 - \frac{B}{C_1}$，那么，$B = (1 - \beta)C_1$

则，$U_{y,g} = \frac{W_1 - (1 - \beta)C_1 - D - F}{r}(1 - e^{-rT}) - (1 - \alpha)A$

该种情况下，社会资本方 S 的效用为：

$$U_{1,s}^{y} = \int_0^T (H_1 + B - C_1 + F)e^{-rt}d_t - \alpha A \tag{4.2}$$

$$= \frac{H_1 - \beta C_1 + F}{r}(1 - e^{-rT}) - \alpha A$$

在政府属性资本方不进行监督的情况下，政府属性资本方的总效用为：

$$U_{n,g} = \int_0^T (W_1 - B - F)e^{-rt}d_t - (1 - \alpha)A \tag{4.3}$$

$$= \frac{W_1 - (1 - \beta)C_1 - F}{r}(1 - e^{-rT}) - (1 - \alpha)A$$

另外，由于社会资本方始终选择积极合作策略，社会资本方的总效用为：

$$U_{1,s}^{n} = \int_0^T (H_1 + B - C_1 + F)e^{-rt}d_t - \alpha A \tag{4.4}$$

$$= \frac{H_1 - \beta C_1 + F}{r}(1 - e^{-rT}) - \alpha A$$

在社会资本选择积极合作的策略下，$U_{1,s}^{y} = U_{1,s}^{n}$

（2）社会资本方选择消极合作博弈策略

若社会资本方消极参与入库 PPP 项目的建设和运营，在后期特许运营期间，需要投入运营成本 C_2，即此时总运营成本 $C = C_2$，由于运营成本由固定成本和可变成本组成，社会资本方在选择消极合作的情形下，相关主体会设法尽可能降低可变成本，所以，$C_2 < C_1$。诸如：污水处理、固废处理、燃气供热等 PPP 项目，如果可变动成本下降，则该项目的社会效益一定低于选择积极合作情形下的社会效益，即，$W_2 < W_1$。此种选择下，社会资本在后期运营时获得的收入 H_2，H_2 也一定是少于选择积极合作时所产生的收入，即 $H_2 < H_1$。

在考虑不监督的情形下，由于博弈双方的信息不对称和相关信息反馈的时滞等原因，对社会资本方的补偿会一直继续提供，直到观察到社会资本方选择的是消极合作策略时为止，同时给予选择消极合作策略的社会资本方追加罚金 K，且 $K>0$，其中，建设成本补偿额度为 $(1-\alpha)A$，运营成本的补偿额度为 $(1-\beta)C_2$，则政府属性资本方的总效用可表示为：

$$U_{n,g}'=\int_0^T(W_2-B-F)e^{-rt}d_t-(1-\alpha)A \tag{4.5}$$

$$=\frac{W_2-(1-\beta)C_2-F}{r}(1-e^{-rT})-(1-\alpha)A$$

此时，社会资本方 S 的总效用表示为：

$$U_{2,s}^{n}=\int_0^T(H_2+B-C_2+F)e^{-rt}d_t-\alpha A \tag{4.6}$$

$$=\frac{H_2-\beta C_2+F}{r}(1-e^{-rT})-\alpha A$$

若政府属性资本方成立专门部门对社会资本方进行监督，发现社会资本方消极运营，则取消对前期建设补偿和后期社会资本方的运营补偿，即 $B=0$，那么，政府属性资本方的总效用则为：

$$U_{y,g}'=\int_0^T(W_2-D+K)e^{-rt}d_t=\frac{W_2-D+K}{r}(1-e^{-rT}) \tag{4.7}$$

此时，社会资本方的总效用应表示为：

$$U_{2,s}^{y}=\int_0^T(H_2-C_2-K)e^{-rt}d_t-A \tag{4.8}$$

$$=\frac{H_2-C_2-K}{r}(1-e^{-rT})-A$$

（二）博弈双方的风险分配

由上述博弈双方在长、短期合作时的不同的博弈策略所得到的效用函数，其中，R 为长期合作时获得的期望收益，即政府属性资本方获得的期望收益为 R_G，且 $R_G>0$，社会资本方获得的期望收益为 R_S，且 $R_S>0$；短期合作时，$R=0$；若社会资本方基于投机心理，采取消极行为而无法继续进行合作，则 $R_G=R_S=0$，博弈双方不同策略选择情况下的支付矩阵见表 4.7。

表 4.7　　博弈双方的博弈支付矩阵

		社会资本方（S）	
		积极合作	消极合作
政府属性资本方（G）	监督	$U_{y,g}+R_G$，$U_{1,s}^{y}+R_S$	$U_{y,g}'$，$U_{2,s}^{y}$
	不监督	$U_{n,g}+R_G$，$U_{1,s}^{n}+R_S$（$U_{1,s}^{y}+R_S$）	$U_{n,g}'$，$U_{2,s}^{n}$

注：当社会资本方选择积极策略时，政府属性资本方不管是否监督，社会资本方在支付矩阵中都是 $U_{1,s}^{y}+R_S$，即 $U_{1,s}^{y}+R_S=U_{1,s}^{n}+R_S$。

1. 短期合作时博弈双方的风险分配

由于博弈双方是短期合作，所以，此时 $R=0$，假定社会资本方（S）积极合作的概率为 p，消极合作的概率则为 $1-p$；如果政府属性资本方（G）设立监督部门进行监督的概率为 q，则不进行监督的概率为 $1-q$。博弈双方的适应度用对应的利润来表示，对于社会资本方（S）来说，采用积极合作的适应度为 $f(S_1)=qU_{1,s}^{y}+(1-q)U_{1,s}^{n}$，采用消极合作的适应度则为 $f(S_2)=qU_{2,s}^{y}+(1-q)U_{2,s}^{n}$，因而，社会资本方 S 的平均适应度则为：

$$\overline{f(S)}=pf(S_1)+(1-p)f(S_2) \tag{4.9}$$
$$=p[qU_{1,s}^{y}+(1-q)U_{1,s}^{n}]+(1-p)[qU_{2,s}^{y}+(1-q)U_{2,s}^{n}]$$

根据博弈演化原理，社会资本方 S 采取合作策略的比例变化速度为：

$$\frac{d_p}{d_t}=p(f(S_1)-\overline{f(S)})=p(1-p)(f(S_1)-f(S_2)) \tag{4.10}$$
$$=p(1-p)[q(U_{1,s}^{y}-U_{2,s}^{y})+(1-q)(U_{1,s}^{n}-U_{2,s}^{n})]$$

对于政府属性资本方 G 来说，进行监督的适应度为 $f(G_1)=pU_{y,g}+(1-p)U_{y,g}'$，不进行监督的适应度则为 $f(G_2)=pU_{n,g}+(1-p)U_{n,g}'$，那么，政府属性资本方的平均适应度则为：

$$\overline{f(G)}=qf(G_1)+(1-q)f(G_2) \tag{4.11}$$
$$=q(pU_{y,g}+(1-p)U_{y,g}')+(1-q)(pU_{n,g}+(1-p)U_{n,g}')$$

根据博弈演化原理，政府属性资本方 G 采取监管策略的比例变化速度为：

$$\frac{d_q}{d_t}=q(f(G_1)-\overline{f(G)})=q(1-q)(f(G_1)-f(G_2)) \quad (4.12)$$
$$=q(1-q)[p(U_{y,g}-U_{n,g})+(1-p)(U_{y,g}'-U_{n,g}')]$$

微分议程系统的博弈演化稳定策略（ESS）可由 Jacobian 矩阵的局部稳定性分析得到。Jacobian 矩阵为：

$$J=\begin{pmatrix}(1-2p)[q(U_{1,s}^y-U_{2,s}^y)+(1-q)(U_{1,s}^n-U_{2,s}^n)] & p(1-p)[(U_{1,s}^y-U_{2,s}^y)-(U_{1,s}^n-U_{2,s}^n)] \\ q(1-q)[(U_{y,g}-U_{n,g})-(U_{y,g}'-U_{n,g}')] & (1-2q)[p(U_{y,g}-U_{n,g})+(1-p)(U_{y,g}'-U_{n,g}')]\end{pmatrix}$$

则有，

$$\begin{aligned}\det J=&(1-2p)[q(U_{1,s}^y-U_{2,s}^y)+(1-q)(U_{1,s}^n-U_{2,s}^n)](1-2q)\\&[p(U_{y,g}-U_{n,g})+(1-p)(U_{y,g}'-U_{n,g}')]-p(1-p)\\&[(U_{1,s}^y-U_{2,s}^y)-(U_{1,s}^n-U_{2,s}^n)]q(1-q)\\&[(U_{y,g}-U_{n,g})-(U_{y,g}'-U_{n,g}')]\end{aligned}$$

$$\begin{aligned}trJ=&(1-2p)[q(U_{1,s}^y-U_{2,s}^y)+(1-q)(U_{1,s}^n-U_{2,s}^n)]+\\&(1-2q)[p(U_{y,g}-U_{n,g})+(1-p)(U_{y,g}'-U_{n,g}')]\end{aligned}$$

根据 Malthusian 方程可得，社会资本方（S）选择合作策略和政府属性资本方（G）选择监督策略的二维动力系统：

$$\begin{cases}\dfrac{d_p}{d_t}=p(1-p)[q(U_{1,s}^y-U_{2,s}^y)+(1-q)(U_{1,s}^n-U_{2,s}^n)]\\ \dfrac{d_q}{d_t}=q(1-q)[p(U_{y,g}-U_{n,g})+(1-p)(U_{y,g}'-U_{n,g}')]\end{cases} \quad (4.13)$$

令$\frac{d_q}{d_t}$和$\frac{d_p}{d_t}$分别等于 0，可推算出：

结论 1：演化博弈双方博弈的均衡解为（0，0），（0，1），（1，0），（1，1）；另外，当 $p^*=\dfrac{U_{n,g}'-U_{y,g}'}{U_{y,g}-U_{n,g}-U_{y,g}'+U_{n,g}'}$，$q^*=\dfrac{U_{2,s}^n-U_{1,s}^n}{U_{2,s}^n-U_{2,s}^y}$ 时，（p^*，q^*）为系统的均衡点，博弈系统存在纳什均衡解。

在向量分析中，雅可比矩阵是函数的一阶偏导数以一定方式排列成的矩阵，则可以推出 Jacobian 矩阵各点的行列式值和迹，当（p^*，q^*）为均衡点时，$trJ=0$，故不是策略稳定点，混合策略的纳什均衡解为：

$$
\begin{cases}
p^{*} = 1 - \dfrac{\dfrac{1 - e^{-rT}}{r}D}{\dfrac{1 - e^{-rT}}{r}[K + F + (1 - \beta)C_2] + (1 - \alpha)A} \\
q^{*} = \dfrac{\dfrac{1 - e^{-rT}}{r}[(H_2 - H_1) - \beta(C_2 - C_1)]}{\dfrac{1 - e^{-rT}}{r}[(1 - \beta)C_2 + F + K] + (1 - \alpha)A}
\end{cases}
\tag{4.14}
$$

而其他均衡点的 $\det J$ 和 trJ 如表 4.8 所示。

表 4.8　　　　各点的行列式值和迹

均衡点	策略组合	$\det J$	trJ
(0，0)	(消极，不监督)	$(U_{1,s}^{n} - U_{2,s}^{n})(U_{y,g}{}' - U_{n,g}{}')$	$(U_{1,s}^{n} - U_{2,s}^{n}) + (U_{y,g}{}' - U_{n,g}{}')$
(0，1)	(消极，监督)	$-(U_{1,s}^{y} - U_{2,s}^{y})(U_{y,g}{}' - U_{n,g}{}')$	$(U_{1,s}^{y} - U_{2,s}^{y}) - (U_{y,g}{}' - U_{n,g}{}')$
(1，0)	(积极，不监督)	$-(U_{1,s}^{n} - U_{2,s}^{n})(U_{y,g} - U_{n,g})$	$-(U_{1,s}^{n} - U_{2,s}^{n}) + (U_{y,g} - U_{n,g})$
(1，1)	(积极，监督)	$(U_{1,s}^{y} - U_{2,s}^{y})(U_{y,g} - U_{n,g})$	$-(U_{1,s}^{y} - U_{2,s}^{y}) - (U_{y,g} - U_{n,g})$

博弈策略组合为稳定策略（*ESS*）的条件为 $\det J > 0$，且 $trJ < 0$。

情形 1：讨论均衡点（1，1），若（1，1）为策略稳定点的条件是 $U_{1,s}^{y} - U_{2,s}^{y} > 0$，且 $U_{y,g} - U_{n,g} > 0$。通过计算 $U_{y,g} - U_{n,g}$ 发现，$U_{y,g} - U_{n,g} = -\dfrac{D}{r}(1 - e^{-rT}) < 0$，所以策略组合（积极合作，监督）不是策略稳定点（*ESS*）。

情形 2：讨论均衡点（1，0），若（1，0）是策略稳定点（*ESS*），则要求 $\det J > 0$，且 $trJ < 0$，即

$$
\begin{cases}
U_{1,s}^{n} - U_{2,s}^{n} = \dfrac{(H_1 - H_2) - \beta(C_1 - C_2)}{r}(1 - e^{-rT}) > 0 \\
U_{y,g} - U_{n,g} = -\dfrac{D}{r}(1 - e^{-rT}) < 0
\end{cases}
$$

当 $0 \leqslant \beta < \dfrac{H_1 - H_2}{C_1 - C_2}$ 时，上述方程成立。

结合均衡点（1，1）的分析，当 $\beta > \dfrac{H_1 - H_2}{C_1 - C_2}$ 时，均衡点（1，1），（1，0）都不是策略稳定点，即社会资本方 S 的积极合作策略不是占优策略。

情形3：讨论均衡点（0，0），若（0，0）是策略稳定点（ESS），则要求 $\det J>0$，且 $trJ<0$，即

$$\begin{cases} U_{1,s}^{n}-U_{2,s}^{n}=\dfrac{(H_1-H_2)-\beta(C_1-C_2)}{r}(1-e^{-rT})<0 \\ U_{y,g}{'}-U_{n,g}{'}=\dfrac{(1-\beta)C_2-D}{r}(1-e^{-rT})+(1-\alpha)A<0 \end{cases}$$

当 $\beta>\dfrac{H_1-H_2}{C_1-C_2}$ 时，$U_{1,s}^{n}-U_{2,s}^{n}=\dfrac{(H_1-H_2)-\beta(C_1-C_2)}{r}(1-e^{-rT})<0$ 成立，要想均衡点（0，0）为策略稳定点，只需要看 $U_{y,g}{'}-U_{n,g}{'}$ 的值。

在 $\beta>\dfrac{H_1-H_2}{C_1-C_2}$ 前提下，只要 $\beta>1-\dfrac{(D-K-F)(1-e^{-rT})-r(1-\alpha)A}{(1-e^{-rT})C_2}$ 时，$U_{y,g}{'}-U_{n,g}{'}<0$ 就成立，均衡点（0，0）为策略稳定点（ESS）。

情形4：讨论均衡点（0，1），若（0，1）是策略稳定点（ESS），则要求 $\det J>0$，且 $trJ<0$，即

$$\begin{cases} U_{y,g}{'}-U_{n,g}{'}=\dfrac{(1-\beta)C_2-D+K+F}{r}(1-e^{-rT})+(1-\alpha)A>0 \\ U_{1,s}^{y}-U_{2,s}^{y}=\dfrac{H_1-H_2-\beta C_1+C_2+F+K}{r}(1-e^{-rT})+(1-\alpha)A<0 \end{cases}$$

当 $\beta>\dfrac{H_1-H_2}{C_1-C_2}$ 时，

$$\begin{aligned} U_{1,s}^{y}-U_{2,s}^{y} &= \frac{H_1-H_2-\beta C_1+C_2+F+K}{r}(1-e^{-rT})+(1-\alpha)A \\ &< \frac{(1-\beta)C_2+K+F}{r}(1-e^{-rT})+(1-\alpha)A \end{aligned}$$

由于 $\dfrac{(1-\beta)C_2+K+F}{r}(1-e^{-rT})+(1-\alpha)A>0$，所以 $U_{1,s}^{y}-U_{2,s}^{y}<0$ 可能存在，要想均衡点（0，1）为策略稳定点，还需要看 $U_{y,g}{'}-U_{n,g}{'}$ 的值。

在 $\beta>\dfrac{H_1-H_2}{C_1-C_2}$ 前提下，只要 $0\leqslant\beta<1-\dfrac{(D-K-F)(1-e^{-rT})-r(1-\alpha)A}{(1-e^{-rT})C_2}$ 时，$U_{y,g}{'}-U_{n,g}{'}>0$ 就成立，均衡点（0，1）为可能策略稳定点（ESS）。

综合均衡点（0，1）和（0，0）的分析，均衡点（0，0）为策略稳定点，均衡点（0，1）为可能稳定点，因而社会资本方 S 采取消极合作

是占优策略。由此可以得出：

结论2：短期合作时，当$0 \leqslant \beta < \dfrac{H_1 - H_2}{C_1 - C_2}$时，策略稳定点（$ESS$）为（积极合作，不监督）；当$\beta > \dfrac{H_1 - H_2}{C_1 - C_2}$时，社会资本方$S$的策略选择是不稳定的。

随着β值的变化，策略稳定点（积极合作，不监督），即（1，0）如图4.2和图4.3中$\beta = \dfrac{H_1 - H_2}{C_1 - C_2}$的左边部分，是稳定点，而$\beta = \dfrac{H_1 - H_2}{C_1 - C_2}$的右边部分则是不稳定的。

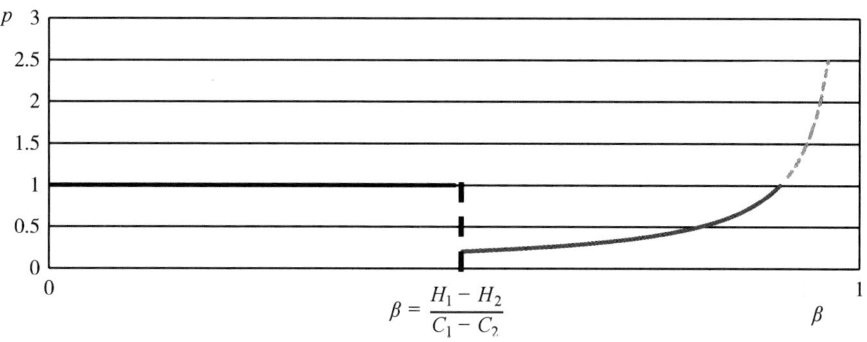

图4.2　社会资本在不同运营风险情况下的策略选择概率曲线

注：$\beta \in [0,1]$，$p \in [0,1]$，最右侧虚线为无效曲线。

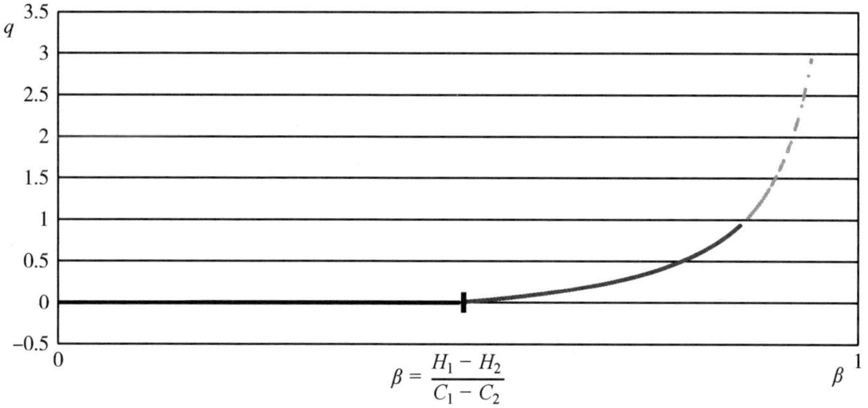

图4.3　政府属性资本在不同运营风险情况下监督策略选择概率曲线

注：$\beta \in [0,1]$，$q \in [0,1]$，最右侧虚线为无效曲线。

2. 长期合作时博弈双方的风险分配

由于博弈双方是长期合作，假定社会资本方（S）积极合作的概率为p，消极合作的概率则为$1-p$；如果政府属性资本方（G）设立监督部门进行监督的概率为q，则不进行监督的概率为$1-q$。博弈双方的适应度用对应的利润来表示，对于社会资本方（S）来说，采用积极合作的适应度为$f(S_1) = q(U_{1,s}^{y} + R_S) + (1-q)(U_{1,s}^{n} + R_S)$，采用消极合作的适应度则为$f(S_2) = qU_{2,s}^{y} + (1-q)U_{2,s}^{n}$。

根据博弈演化原理，社会资本方（S）采取合作策略的比例变化速度为：

$$\frac{d_p}{d_t} = p(f(S_1) - \overline{f(S)}) = p(1-p)(f(S_1) - f(S_2)) \tag{4.15}$$
$$= p(1-p)[q(U_{1,s}^{y} - U_{2,s}^{y}) + (1-q)(U_{1,s}^{n} - U_{2,s}^{n}) + R_S]$$

对于政府属性资本方（G）来说，进行监督的适应度为$f(G_1) = p(U_{y,g} + R_G) + (1-p)U_{y,g}'$，不进行监督的适应度则为$f(G_2) = p(U_{n,g} + R_G) + (1-p)U_{n,g}'$，那么，政府属性资本方的平均适应度则为：

$$\overline{f(G)} = qf(G_1) + (1-q)f(G_2) \tag{4.16}$$
$$= q(pU_{y,g} + (1-p)U_{y,g}') + (1-q)(pU_{n,g} + (1-p)U_{n,g}')$$

根据博弈演化原理，政府属性资本方（G）采取监管策略的比例变化速度为：

$$\frac{d_q}{d_t} = q(f(G_1) - \overline{f(G)}) = q(1-q)(f(G_1) - f(G_2)) \tag{4.17}$$
$$= q(1-q)[p(U_{y,g} - U_{n,g}) + (1-p)(U_{y,g}' - U_{n,g}')]$$

根据 Malthusian 方程可得，社会资本方（S）选择合作策略和政府属性资本方（G）选择监督策略的二维动力系统：

$$\begin{cases} \dfrac{d_p}{d_t} = p(1-p)[q(U_{1,s}^{y} - U_{2,s}^{y}) + (1-q)(U_{1,s}^{n} - U_{2,s}^{n}) + R_S] \\ \dfrac{d_q}{d_t} = q(1-q)[p(U_{y,g} - U_{n,g}) + (1-p)(U_{y,g}' - U_{n,g}')] \end{cases} \tag{4.18}$$

结合推导短期合作时的过程，均衡点（1，1）不是策略稳定点

（ESS），而均衡点（1，0）是策略稳定点（ESS）的条件是：

$$\begin{cases} U_{1,s}^{n} - U_{2,s}^{n} = \dfrac{(H_1 - H_2) - \beta(C_1 - C_2)}{r}(1 - e^{-rT}) + R_S > 0 \\ U_{y,g} - U_{n,g} = -\dfrac{D}{r}(1 - e^{-rT}) < 0 \end{cases} \tag{4.19}$$

即只要 $0 \leqslant \beta < \dfrac{H_1 - H_2}{C_1 - C_2} + \dfrac{rR_S}{(1 - e^{-rT})(C_1 - C_2)}$ 时，方程系统成立。

由此可以得出：

结论3：长期合作时，当 $0 \leqslant \beta < \dfrac{H_1 - H_2}{C_1 - C_2} + \dfrac{rR_S}{(1 - e^{-rT})(C_1 - C_2)}$ 时，策略稳定点（ESS）为（积极合作，不监督）；当 $\beta > \dfrac{H_1 - H_2}{C_1 - C_2} + \dfrac{rR_S}{(1 - e^{-rT})(C_1 - C_2)}$ 时，社会资本方（S）的占优策略是消极合作。

如图4.4和图4.5所示，在考虑未来收益的情况下，策略稳定点的临界值点将根据未来收益的大小向右移动。社会资本方（S）在考虑到未来收益时，可增加自身承担风险比例的范围，增加风险承担值。如果未来收益足够大，则策略稳定点的临界值将无限右移，使得 $\beta \in [0,1]$ 范围内均是策略稳定点（积极合作，不监督），此时，p 恒等于1，q 恒等于0，如图4.6所示。

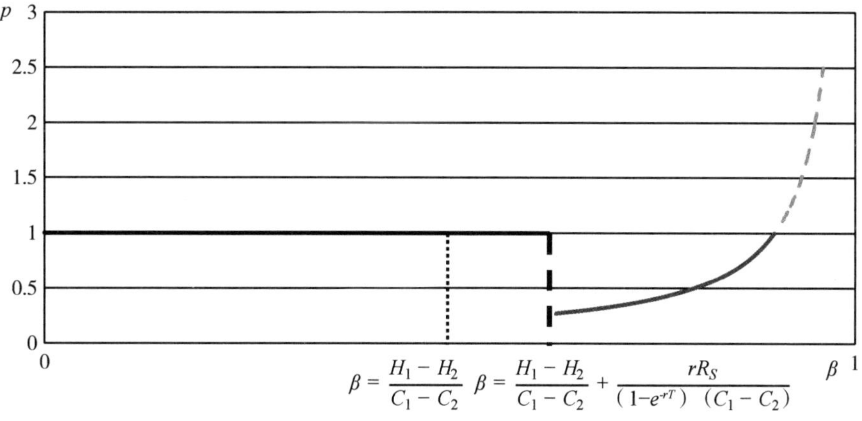

图4.4　未来收益对社会资本方决策的影响

注：$\beta \in [0,1]$，$p \in [0,1]$，最右侧虚线为无效曲线。

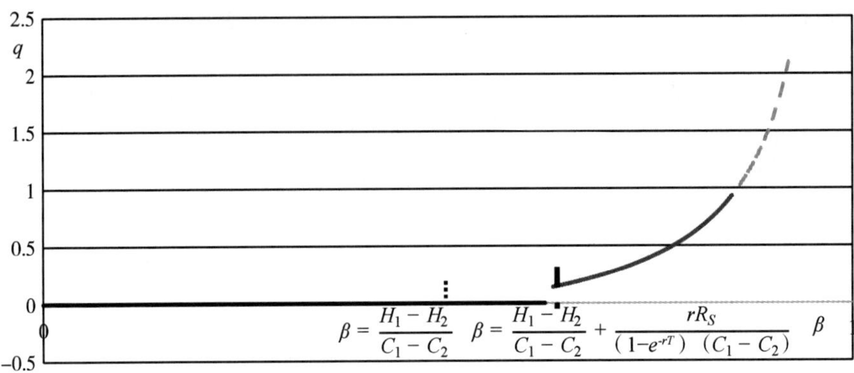

图 4.5 未来收益对政府属性资本方决策的影响

注：$\beta\in[0,1]$，$q\in[0,1]$，最右侧虚线为无效曲线。

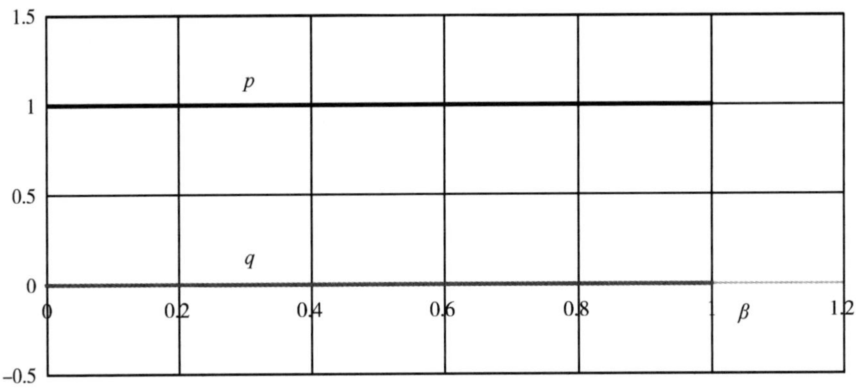

图 4.6 未来收益足够大对博弈双方的决策影响

注：$\beta\in[0,1]$，$p\in[0,1]$，$q\in[0,1]$。

3. 博弈双方演化结果

（1）当（p^*，q^*）为均衡点时，混合策略为纳什均衡

根据式（4.14）可知，在博弈双方进行博弈时，为了更明显地看清解释变量与被解释变量的关系，假定，即政府属性资本在建造成本方面不对社会资本方（S）进行补偿。社会资本方（S）采取消极策略时的利润（$H_2-\beta C_2$）加罚金的损失 K 远高于采取积极策略时的利润（$H_1-\beta C_1$）加激励补偿 F 时，即 $H_2-\beta C_2-K>H_1-\beta C_1+F$ 时，社会资本方（S）越有可能采取消极策略行为，因此，在此种假设情形下，政府属性资本方

（G）越有必要实施严格的监督机制约束社会资本方的行为。

对于社会资本方（S）而言，其选择消极的概率与政府属性资本方（G）的运营补偿系数、监督成本 D、激励补偿 F 和罚金 K 有关。当运营补偿、激励补偿 F 和罚金 K 确定时，政府属性资本方（G）采取监督的成本越小，政府属性资本方（G）采取监督概率就越高，社会资本方（S）选择消极合作的概率则越小；当政府一方的监督成本一定时，政府的运营补偿金额、激励补偿 F 和罚金 K 越大，即运营补偿系数越小时，社会资本方 S 则越不会选择消极策略。

上述结论与效率工资理论的观点是相一致。Solow（1980）提出，向员工支付远高于市场平均水平的工资能有效防止其偷懒。本书将运营补偿看成支付的高于平均水平的激励工资，社会资本方（S）选择积极策略的概率越高，获得的运营补偿金额越高，但当其选择消极策略被发现时，这部分运营补偿将会降低或取消，当选择消极策略的机会成本越高时，社会资本方（S）选择消极策略的概率越小，国有属性资本（G）可以通过调节补偿促使社会资本方（S）进行积极合作，优化资源配置。

（2）博弈双方短期合作

短期合作时，由于$\beta = 1 - \dfrac{B}{C}$可知，$B = (1 - \beta)C$。因为短期合作时，$\beta = \dfrac{H_1 - H_2}{C_1 - C_2}$为相关均衡点是否为策略稳定点的临界值，所以可以得到政府属性资本方（G）对社会资本方（S）提供的成本补偿临界值为 $B = \left(1 - \dfrac{H_1 - H_2}{C_1 - C_2}\right)C$。

短期合作时，社会资本方（S）选择积极合作与消极合作时的收益差会影响其策略选择，即当 $H_1 - H_2 > C_1 - C_2$ 的时候，社会资本方（S）会一直坚持选择积极合作策略，这时，政府属性资本方（G）不需要提供成本补偿。

短期合作时，当 $H_1 - H_2 < C_1 - C_2$ 时，即使政府属性资本方（G）设立监督部门进行监督，也不一定能制止社会资本方（S）选择消极合作策略。同理，这种情况下加大监督力度和社会资本方（S）选择策略也无直

接相关关系，这也就是为什么有些 PPP 项目虽然合同内容完备，同样会出现了项目绩效不高和满意度不高的原因。

政府属性资本方（G）的任何监督手段都不可能完全消除社会资本方（S）选择消极合作策略的可能，政府属性资本方（G）的监督成本越低，进行监督的概率就越高，相应的期望损失便越小。

（3）博弈双方长期合作

长期合作时，社会资本方（S）可以与政府属性资本方（G）建立良好的合作关系，获得政府属性资本方（G）的认可，由此，未来可以获得更多的合作机会。由于短期合作时由积极策略向消极策略转变的临界值 $\beta_S = \dfrac{H_1 - H_2}{C_1 - C_2}$，而长期合作时由积极策略向消极策略转变的临界值 $\beta_L = \dfrac{H_1 - H_2}{C_1 - C_2} + \dfrac{rR_S}{(1 - e^{-rT})(C_1 - C_2)}$，由于 $\dfrac{rR_S}{(1 - e^{-rT})(C_1 - C_2)} > 0$，所以 $\beta_L > \beta_S$，故相较于短期合作，长期合作时，社会资本方（S）选择积极合作策略的最大风险比例有一定提升，与图 4.3、图 4.4 描述的情况一致，政府属性资本方 G 可采取适当成本补偿策略，引导、鼓励社会资本方 S 选择积极合作策略，从而优化资源配置。

博弈双方长期合作时，未来合作收益会对社会资本方（S）的策略选择直接干扰，未来的收益是抑制社会资本方（S）选择消极策略的重要因素。当预期选择积极合作策略时产生的收益大于选择消极策略时产生的收益时，社会资本方（S）会更加倾向追求未来更多的合作机会，获得更多的长远利益，这就是在长期合作时，社会资本方（S）执行消极策略概率偏低的原因。

二　案例模拟分析

前文从理论层面研究分析了 PPP 项目中博弈双方分别在长、短期合作情况下，风险分配对博弈双方选择策略的影响。下文将在理论基础上使用实际案例进行模拟分析。

案例：碧水源推进水处理 PPP 项目，与汕头市潮南区人民政府签约，以 PPP 模式建设 3 座污水处理厂，包括潮南区陇田镇、司马浦镇等地方建设污水处理厂及相关配套管网的投资、建设、运营。此项目的总设计规模为日处理污水 20 万吨，其中，一期规模为日处理污水 7.5 万吨，一期项目估算总投资约 6.8 亿元。这个 PPP 项目特许经营期为 30 年（含建设期 1 年），中标水价为 1.38 元/m^3（三年后可讨论协商价格），主要收入来源于项目的污水处理服务费等，财政补贴金额最高不超过 1761.13 万元，折现率为 r。

项目若按理论预期推进落地，即在积极合作的情况下，碧水源公司每年（360 天）收益为 360 * 7.5 * 1.38 = 3726 万元。依据碧水源公司 2015 年年报，该 PPP 项目第 1 年建设费用合计为 4643.61 万元。后期 29 年运营期间，综合制造费用、管理费用、财务费用、修理维护费、折旧及返销费等总计为 4226.92 万元/年。不涉及罚金和追加激励补偿。博弈双方风险承担比例的不同对双方策略选择将产生不同的影响。

（1）由于政府不承担第 1 年的建设费用，所以 $\alpha=1$，且不承担第 1 年建设费用对碧水源公司后期策略选择决策没有影响。若当地政府选择不监督，即 $q=0$ 时，由于信息不对称和大众满意度的时滞性的影响，政府无法及时发现公司的消极合作策略，仍然会对公司进行运营补偿，$\beta=\frac{H_1-H_2}{C_1-C_2}$ 为选择积极合作策略的临界值，即 $\beta=\frac{H_1-H_2}{C_1-C_2}=\frac{3726-H_2}{4226.92-C_2}$，其中，$H_2$ 和 C_2 分别为消极合作策略下的经营收益和经营成本。这种情况下，公司会依据其在选择消极合作策略时的经营收益和经营成本进行最终的行为选择。

（2）若当地政府选择监督且严格执行，即 $q=1$ 时，在 $\beta>\frac{H_1-H_2}{C_1-C_2}$ 的前提下满足 $0\leqslant\beta<1-\frac{r(1-\alpha)A+D(1-e^{-rT})}{(1-e^{-rT})C_2}$ 即可，也就是说，只要 $\frac{3726-H_2}{4226.92-C_2}<\beta<1-\frac{D}{C_2}+\frac{4643.61*r}{(1-e^{-29r})C_2}$ 成立，公司会选择消极合作策略。在 $\beta>\frac{3726-H_2}{4226.92-C_2}$ 的前提下，公司由消极合作策略转向积极合作策略的临界点为 $\beta=1-\frac{D}{C_2}+\frac{4643.61*r}{(1-e^{-29r})C_2}$，结合理论推导部分结论 2 可

知，公司的占优策略就是消极合作，如果 $\frac{3726-H_2}{4226.92-C_2} > 1-\frac{D}{C_2}+\frac{4643.61*r}{(1-e^{-29r})C_2}$，即使政府花费 D 的监督费用，公司和当地政府间也不能形成稳定策略（ESS）。

（3）当考虑广东省在水务治理方面还有上千亿元的市场，公司想和当地政府长期合作，未来赚取更大收益时，或在本项合理调整经营收益使 $R_S>0$，那么，公司选择积极合作策略转向消极合作策略的临界值就会由 $\beta=\frac{H_1-H_2}{C_1-C_2}=\frac{3726-H_2}{4226.92-C_2}$ 变大为 $\beta=\frac{3726-H_2}{4226.92-C_2}+\frac{rR_S}{(1-e^{-29r})(4226.92-C_2)}$，当未来收益 R_S 足够大时，公司可以独立承担全部风险，且仍选择积极合作策略。

（4）当（p^*，q^*）为均衡点时，汕头市政府与碧水源存在策略非稳定点的纳什均衡，根据式（4.14），由于政府不承担第 1 年的建设费用，即 $\alpha=1$，碧水源会在（$H_2-\beta C_2$）>（$3726-4226.92\beta$）时，理论情况下会选择消极合作策略。而汕头市政府的补偿金融，即对运营补偿系数的调整会使得碧水源公司在选择积极合作的概率上与政府的补偿金融呈负相关关系。以法规形式要求碧水源公司建立信息公开平台，提高信息的公开程度，接受当地政府和社会公众方的监督，有利于降低监督成本，从而让公司在策略选择上，选择积极策略的概率有所提升，提升经营效率。

三　PPP 参与主体演化博弈的行为特征及建议

（一）PPP 参与主体演化博弈的行为特征

本节从影响 PPP 项目成功运行的关键因素——风险分配切入，以演化博弈理论作为基础，探讨政府资本与社会资本之间合理有效的风险承担比例，研究发现：

（1）相关 PPP 项目单纯依靠社会资本投入，风险由社会资本方承担，项目的落地率势必打折扣，所以国有金融资本必须参与进来，起到引导作用。若单纯依靠政府财政投入，这就要求财政投入的资金大，财政负担过重，所以要求有计划地引导社会资本市场化参与，既可以避免公地的悲剧，还可以规避市场失灵带来的效率下降。总的来说，国有金融资本应提供适当的前期建设补偿或后期运营补偿，促进绿色发展趋势下相关 PPP 项目快速落地。

（2）部分特殊项目，诸如污水处理、固废处理、燃气供热等，由于运营成本由固定成本和可变成本组成，社会资本方在选择消极合作的情形下，相关主体会设法尽可能降低可变成本，如果可变成本下降，则该项目的社会效益一定低于选择积极合作情形下的社会效益。在考虑不监督的情形下，由于博弈双方的信息不对称和相关信息反馈的时滞等原因，社会资本则有可能采取消极策略，一定程度上限制绿色化发展。理论上，国有金融资本需要通过设计出合理的风险分担比例，采取有效监督手段促使社会资本在策略选择时，选择积极合作策略，进而能为当地提供更高的社会化效应，同时，还不过重增加国有金融资源的负担，使国有金融资源的配置效率得到提升。

（3）在均衡点（p^*，q^*）为纳什均衡的情况下，政府可以通过完善信息披露机制、实施动态的激励性补偿机制、提高间接补贴比例等办法，促使社会资本方高概率地选择积极合作策略，提高项目的运营效率。

（4）博弈双方短期合作情况下，社会资本方（S）选择积极合作策略的临界点为$\beta=\dfrac{H_1-H_2}{C_1-C_2}$，博弈双方长期合作的情况下，其临界点为$\beta=\dfrac{H_1-H_2}{C_1-C_2}+\dfrac{rR_S}{(1-e^{-rT})(C_1-C_2)}$，即承担运营风险的比例大于临界点时，即使政府属性资本方（G）进行监督，也无法消除社会资本方（S）选择消极合作策略的可能，但承担运营风险的比例小于临界点时，社会资本方（S）在不受监督的情况下也会选择积极合作策略。

（5）未来收益可以提高社会资本方（S）承担运营风险比例的意愿。

（6）承担建造风险的系数 α 大小对社会资本方的决策没有影响。

（7）政府属性资本方（G）可根据以上结论设计合理的风险承担比例和激励机制，鼓励社会资本积极地参与到 PPP 项目的建设和运营中，优化政府属性资本的配置，缓解财政压力，提升公众的满意度。

（二）建议

针对 PPP 项目发展面临的问题，本书结合演化博弈原理及案例模拟的结果，建议从以下四个方面着眼，进一步提升 PPP 模式下国有金融资源配置的效率及其绿色化水平。

1. 设置“黑白名单”制度

强化激励和监督机制。建议政府部门以长期合作为导向，为社会资本建立用于市场准入的动态的“黑白名单”的制度。由监管机构定期对 PPP 项目中的社会资本进行考核，将积极履行协议且业绩较高、信用度较高的参与方，列入“白名单”；将无故或恶意违反协议内容、业绩较差、信用资质恶化的参与方，列入“黑名单”。

对于“白名单”上的社会资本方，在 PPP 项目的招标中给予优先考虑，培育适合长期合作的社会资本；对于“黑名单”上的社会资本，可在规定年限内对进行市场禁入，并在后续的招标过程中提高对其的审核标准。

监管机构需结合社会资本方的业绩表现，定期对“黑白名单”进行调整，通过声誉及运营成本等多种途径，引导社会资本的行为选择。若使社会资本方和政府属性资本方形成良性循环体系，就能加快绿色经济大发展。

2. 拓展项目领域，激发规模效应

将 PPP 模式更多地运用于环境卫生等公益性行业，引导更多的社会资本进入，进而提升国有金融资源在推进绿色发展维度的配置效率。针对规模较小的 PPP 项目，可以考虑将其进行分类打包，形成规模效应，诸如本书案例所提到的汕头地区的水处理项目，六镇打包分成两个项目进行招标，提高了其对社会资本的吸引力。

另外，还可以将高盈利项目和低盈利项目结合起来，比较典型的例子就是香港地铁——多方合作、利益分享的联合开发机制。由地铁公司和开发商组成合作团队进行整体开发，香港地铁公司不实质介入二期开发，联合开发比单纯出售土地带来的收益高一倍。

3. 兼顾普遍性与特殊性

在统一的风险分担原则下因项而异设置风险分担细则。通过对 PPP 模式下博弈双方的风险分担研究分析，国有金融资源要对不同地域、不同行业的项目，针对性地分析其特点、难点，设置合理的风险分担权重，提升国有金融资源的效率，不但减轻了重财政负担，还提升了当地的社会效益。如汕头水处理项目，就通过采用合理的 PPP 模式，将总投资约 15.6 亿元的财政压力分摊到 30 年的项目建设运营维护期实现分年度支付，一方面降低了政府负债，减轻了当期财政支出压力，另一方面平滑了年度间财政支出波动。同时，项目中标报价较政府之前最高限价下浮约 33.4%，远超政府方预期。通过实例印证了前文的理论分析、推导结论的合理性，即通过设置合理的风险分担细则，可以实现在国有金融资源最优化配置时，社会资本在做策略选择时选择积极合作策略。

4. 优化制度与服务供给，提高审批效率

在现有政策、指导意见及管理办法的基础之上，进一步统一和明确 PPP 项目在前期准备、招标、审批及运营等诸多环节的核心要素，简化审批流程，提高审批效率及透明度。同时，建立资质统一的专门的咨询服务与招标代理机构，降低社会资本的信息搜寻成本，改善信息不对称的局面，提升 PPP 项目的运行效率，进而优化国有金融资源的配置效率。

第四节 本章小结

本章首先从绿色债券、绿色基金两个金融业态分析国有金融如何通过绿色证券推进绿色发展，而后基于演化博弈理论，模拟分析 PPP 项目中国有金融资源、社会资本之间的行为选择特征，测算最优的风险分担比例，并分别结合不同业态发展现状中凸显的问题，提出改进的措施。

第五章

国有金融利用碳排放交易市场推进绿色发展研究

美国学者 Dales 最早提出了排污权交易理论，[①] 后续有大量学者从庇古税、福利经济学、环境经济学等诸多理论视角，对如何利用市场机制以成本最小化的方式实现节能减排进行比较研究。[②] 碳交易是排污权交易的一种，其本质是人为地设置排放上限和交易机制，将高污染、高能耗企业对环境的负面影响内部化，故其对政府的制度安排具有显性依赖。现有相关研究及排放权交易的实践亦表明，排污权交易的开展及功效发挥离不开政府的支持和引导。[③]

本章将首先以我国碳交易试点为主介绍碳市场的概况，随后将从必要性、可行性两个方面对我国国有金融推进碳排放交易体系建设进行理论分析，而后本章以我国最早开展碳排放交易的七家试点[④]为样本，通

---

① Dales J. , *Pollution*, *Property*, *and Prices*, Toronto: University of Toronto Press, 1968.

② William A. Pizer, "Prices vs. Quantities Revisited: The Case of Climate Change", Resource for the Future Discussion Paper 98 - 02, October 1997; Marc J. Roberts, Michael Spence, "Effluent Charges and Licenses Under Uncertainty", *Journal of Public Economics*, Vol. 5, No. 3 - 4, 1976, pp. 193 - 208; 谢来辉:《碳交易还是碳税? 理论与政策》,《金融评论》2011 年第 6 期，第 103—111 页；吴力波、钱浩祺、汤维祺:《基于动态边际减排成本模拟的碳排放权交易与碳税选择机制》,《经济研究》2014 年第 9 期，第 48—62 页。

③ 杜莉、张云、王凤奎:《开发性金融在碳金融体系建构中的引致机制》,《中国社会科学》2013 年第 4 期；涂正革、谌仁俊:《排污权交易机制在中国能否实现波特效应?》,《经济研究》2015 年第 7 期。

④ 截至 2018 年 8 月，全国已有 9 家碳交易试点，由于福建、四川两地碳排放交易开展较晚，数据样本有限，故未将其纳入本节分析之中。

过逐层深入的方式，对其股东中的国有成分进行统计，检验国有金融是否推动了碳交易体系的建设，并进一步识别国有金融推动碳市场建设路径。最后本章使用倍差法对碳交易试点在减排维度的有效性进行评估，检验"国有金融—碳排放交易体系建设—节能减排"的路径是否有效。

第一节　碳排放交易市场的启动、发展与规制

截至2017年年底，全球共有21个碳排放交易体系在运行。[①] 我国推出全国性碳市场之后，碳排放交易体系所覆盖的排放额达到全球碳排放总量的15%，是2005年的3倍。[②] EU ETS最早于2005年启动碳排放交易，是全球规模较大且运作相对成熟的碳排放交易体系，为我国碳排放市场的建设提供了借鉴。

为推动经济发展的转型，我国于2011年在北京、上海、天津、重庆、湖北、深圳、广州七个地区设立碳排放交易试点。在2013年6月至2014年6月期间，深圳、上海、北京、天津、广东、湖北、重庆陆续正式启动碳交易。2016年，福建、四川两地的排放交易试点亦先后启动。2017年12月，国务院印发《全国碳排放权交易市场建设方案（发电行业）》，标志着我国全国性碳市场的建设正式启动。在此期间，国务院及相关部门出台了多项政策和指导意见（如表5.1所示），为碳市场的建设提供了方向。

表5.1　　2011—2017年我国出台的碳交易市场政策法规

制定主体	时间	文件名称
发改委	2011年10月	《关于开展碳排放权交易试点工作的通知》
国务院	2011年12月	《"十二五"控制温室气体排放工作方案》
发改委	2012年6月	《温室气体自愿减排交易管理暂行办法》

① 数据来源：国际碳行动伙伴组织（ICAP）2017年度报告。

② 数据来源：《全球碳市场进展：2018年度报告》，柏林：国际碳行动伙伴组织。

续表

制定主体	时间	文件名称
发改委	2012 年 10 月	《温室气体自愿减排项目审定与核证指南》
发改委	2014 年 12 月	《碳排放权交易管理暂行办法》
发改委	2016 年 1 月	《关于切实做好全国碳排放权交易市场启动重点工作的通知》
央行、财政部、发改委	2016 年 8 月	《关于构建绿色金融体系的指导意见》
国务院	2016 年 10 月	《“十三五”控制温室气体排放工作方案》
发改委	2017 年 6 月	《“十三五”控制温室气体排放工作方案部门分工》
发改委	2017 年 12 月	《全国碳排放权交易市场建设方案（发电行业）》
国务院	2018 年 6 月	《关于全面加强生态环境保护　坚决打好污染防治攻坚战的意见》

资料来源：根据公开文件整理。

我国的碳交易主要包括三类：其一是以清洁发展机制为基础的基于项目的交易；其二是核证自愿减排量交易（CCER）；其三是以配额为基础的交易，即碳排放权交易，这是目前我国碳交易市场发展重点。本书重点讨论的是碳排放权交易。

自 2013 年首家碳排放交易试点启动碳交易以来，我国碳交易市场取得了较快的发展。截至 2018 年年底，全国配额累计成交 7. 76 亿吨，成交总额 111. 75 亿元。其中，线上公开交易累计成交 1. 98 亿吨，成交金额 40. 84 亿元；现货交易加远期交易累计成交 2. 62 亿吨，成交金额 63. 33 亿元；定价转让累计成交 2. 29 亿吨，一级拍卖累计成交 0. 028 亿吨，CCER 成交 1. 25 亿吨。① 各地区碳市场累计成交量和成交金额见表 5. 2。

表 5. 2　　各试点碳交易所累计碳交易量统计　　单位：千吨，亿元

	协商议价	现货、远期	定价转让	一级拍卖	CCER	交易量总计	金额总计
深圳	2433. 60	0. 00	3906. 52	20. 00	1146. 94	7507. 10	15. 01

① 数据来源：湖北碳市场及交易中心。

续表

	协商议价	现货、远期	定价转让	一级拍卖	CCER	交易量总计	金额总计
北京	1027. 46	0. 00	1275. 79	0. 00	3782. 00	6085. 30	5. 40
上海	1224. 19	399. 02	13368. 91	4. 91	4177. 54	19174. 60	4. 67
广东	2324. 20	0. 00	3468. 67	50. 00	2817. 78	8660. 70	7. 77
湖北	5627. 29	25823. 30	831. 68	200. 00	485. 85	32968. 10	74. 81
重庆	2386. 32	0. 00	0. 00	0. 00	0. 00	2386. 30	2. 61
天津	597. 94	0. 00	85. 75	10. 00	91. 04	784. 70	1. 47

数据来源：湖北碳市场及交易中心。

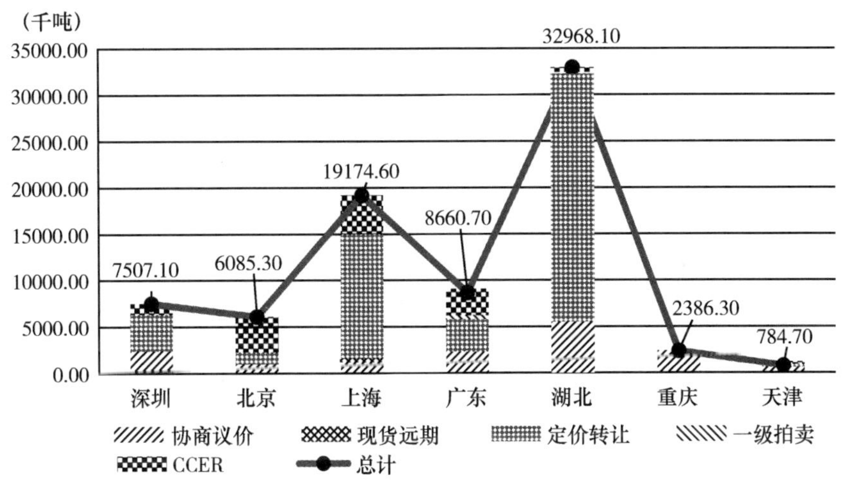

图 5.1　各试点市场累计碳交易成交量

数据来源：湖北碳市场及交易中心。

从各试点交易所的交易结构看，现货交易加远期交易方面，湖北碳排放权交易中心的份额最大，其他交易所未大力推广这方面业务发展。而以配额为基础的碳排放权线上公开交易是各试点交易所推进的重点。截至 2018 年年底，我国碳排放交易试点（深圳、北京、上海等七家试点交易所）线上公开交易累计成交量达到 1. 98 亿吨，累计成交金额超过 40. 84 亿元人民币。① 不同试点的累计成交量与累计成交金额之间存在较

① 数据来源：Wind 数据库。

大差异。

从各个交易试点交易所线上公开交易的累计成交量来看，广东累计成交0.74亿吨，占比达37%，居于首位；天津累计成交0.05亿吨，所占份额最小。所占份额在15%（1/7）以上的交易试点共有三家，由高到低依次为广东（37%）、湖北（27%）、深圳（18%），剩余四家试点所占份额均在6%以下，由高到低依次为上海、北京、重庆、天津（如图5.2所示）。

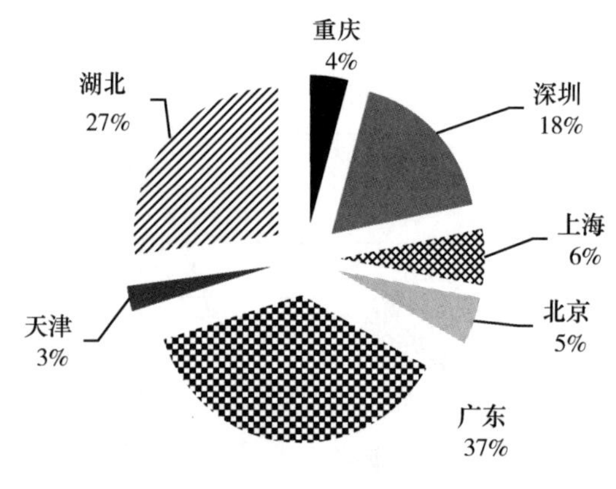

图5.2 各试点交易所线上公开交易累计成交量占比（%）

数据来源：Wind数据库。

从各个交易试点交易所线上公开交易的累计成交金额来看，湖北居于首位，累计成交11.02亿元，占比27%；重庆累计成交0.28亿元，占比1%，居于末位。所占份额在15%（1/7）以上的交易试点有3家，依次是湖北、深圳、广东。其余4家试点所占比重由高到低依次为：北京、上海、天津、重庆（如图5.3所示）。不同交易试点在纳管企业、配额分配、交易制度等方面存在的差异，导致不同试点之间出现了不同的碳排放价格，进而呈现出累计成交量与累计成交金额的不同。

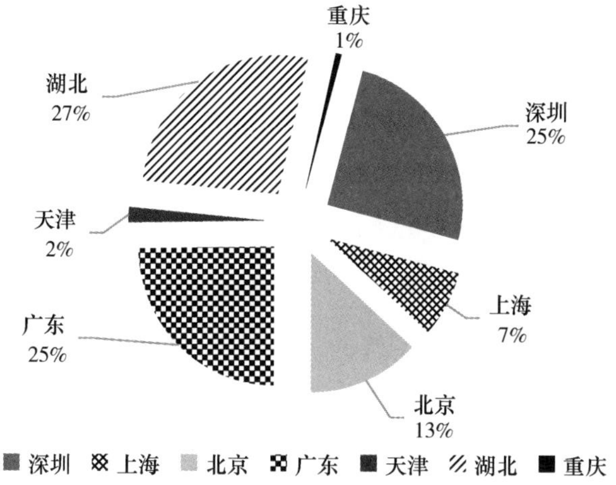

图5.3　各试点交易所线上公开交易累计成交金额占比（%）

数据来源：Wind 数据库。

第二节　国有金融推动碳市场建设的机制分析与实证检验

本书将从必要性、可行性两个方面对国有金融推动碳交易体系建设的机制进行分析，并通过对碳排放交易试点股权结构的层层穿透，统计测算碳排放交易体系中的国有成分，进而结合不同股东的性质，归纳梳理国有金融推动碳市场建设的路径。

一　国有金融推动碳市场建设的机制分析

本书研究中所使用的国有金融资源的范畴既包括了国有金融资本的内涵，亦包括了大型央企、产权交易中心等企业中的国有成分。碳市场建设的外部性及不确定性与国有金融的性质及其践行社会责任的需求相契合，共同决定了国有金融在碳市场建设中的功能。国有金融推动碳市场建设既具有必要性，又具有可行性。

由于污染排放具有显著的外部性，单纯依靠企业自发减排难以实现绿色发展的目标。碳排放交易体系是利用市场机制将外部性成本内部化的应对生态环境问题的创新模式。当前，我国尚处于工业化阶段且面临经济结构调整的迫切要求，而目前碳市场的构建经验以已经完成工业化进程的欧盟 EU ETS 为主，我国碳市场建设面临的不确定性较高，需要国有金融的支持与推动。

其一，碳减排具有准公共物品的性质，需要国有金融为碳市场提供基础设施建设。碳减排具有显著的外部性，私人部门参与市场建设的动机不足，需要国有金融在市场建设的初级阶段发挥主导功能。①

其二，碳市场面临较高的政治风险与政策风险，试错成本较高，需要风险承受能力相对较强的机构来承建。由于碳减排的外部性具有跨国属性，故应对全球气候变化需要各个国家的协同合作。但自《京都议定书》到期之后，国际气候变化的多轮谈判并未取得实质性进展，致使碳市场的发展面临较强的不确定性，需要风险承受能力较强的国有金融的支持。

其三，国有金融的性质决定了其在碳市场建设中的主导功能。国有金融属于全民所有，在关系国计民生及可持续发展的重要战略问题中，肩负着重要责任。碳市场是贯彻落实生态文明建设、绿色金融及可持续发展战略的重要创新举措，国有金融有义务积极推进碳市场的建设。

其四，国有金融践行社会责任的需求驱动其推动碳市场的建设。从利益相关者的视角来看，保护生态环境是企业社会责任的重要组成部分。国有金融在承担普通企业的社会责任的同时，亦担负着经济结构调整与产业升级的重任，而推动碳市场的建设是国有金融践行社会责任的重要选择。

国有金融的性质及其践行社会责任的需要决定了其有动力推进碳市场的建设，而国有金融的体量及其在市场制度建设方面的经验为其助力碳市场发展提供了可能。

首先，国有金融体量大，风险防控及承受能力较强。与民营资本或社会资本相比，国有金融资源体量大，具有显著的规模效应，在风险预

---

① 杜莉、张云：《如何在碳金融交易中合理界定政府与市场的关系？——理论与实证!》，《吉林大学社会科学学报》2015 年第 1 期。

警与防控方面具有技术优势和人才优势，一旦发生风险事件，其风险承受能力相对较强。

其次，国有金融在制度建设方面具有丰富经验，能够为碳市场提供参考和指引。国有金融伴随着我国社会主义市场经济体制的探索、确立及发展，其在组织增信、培养市场主体等方面具有显著优势，其市场孵化功能的发挥，有助于推进碳市场的建设及碳交易的开展。

最后，国有金融渗透程度高，能够通过多重路径维护碳市场的平稳运行。在传统的银行、保险、证券等金融行业之外，国有金融资源亦广泛分布在产权交易中心、大型央企等机构之中。EU、ETS 等国际碳市场运行的经验表明，碳价格的剧烈无序波动已经成为制约碳市场长远发展的重要因素，急需构建市场稳定机制来合理引导市场预期。国有金融的深度和广度共同决定了其在碳市场稳定机制的构建中将发挥重要功能。

二　国有金融推动碳市场建设的实证检验

从理论层面来看，国有金融资源的规模优势及市场孵化功能能够助推碳排放交易体系的建立与运行。从我国碳排放交易试点的运行来看，国有金融确实在碳市场的建设中发挥了主导作用。本书采用逐层深入的方式，对我国碳排放交易试点最新的股权结构进行分解。研究发现，国有持股比例除天津为 59.99% 之外，均达到 80% 以上（如表 5.3 所示），进一步验证了国有金融在碳交易试点建设中做出了重要贡献。

表 5.3　　各试点交易所国有持股比例统计表①　　单位:%

	北京	上海	天津	湖北	深圳	广东	重庆
国有持股比例	81.35	99.20	59.99	90.00	89.50	100.00	100.00

数据来源：笔者结合天眼查的数据整理计算得到，https：//www.tianyancha.com/。

① 重庆碳交易所第一大股东——重庆市能源投资集团有限公司等 15 股东，由于数据确实，不能穿透，考虑到交易所属重庆国资企业，暂不考虑少数其他股东。天津交易所重要股东浙江蚂蚁小微金融服务集团股份有限公司的股东持股比例未公开，依据公开资料进行穿透。

本书进一步分解碳交易试点的股东信息，并结合国有金融的性质与职能，研究发现，当前国有金融推进碳市场建设路径主要包括如下三条。

第一，国有金融—产权交易中心—碳市场建设。碳交易的本质是人为形成碳排放的稀缺性，使其具有商品的属性，即赋予碳排放产权，以实现供需双方的交易，属于产权交易的范畴。当前运行的产权交易中心为碳交易平台的建立提供了支持和借鉴。上海联合产权交易所、天津产权交易所、武汉光谷联合产权交易所、深圳联合产权交易所、广东省产权交易集团均是由当地政府或国资委100%持股或控股，均为当地碳交易试点的重要股东，推动了当地碳市场的建设，成为国有金融推动碳市场建设的重要路径之一。

第二，国有金融—大型央企—碳市场建设。大型央企中蕴含着大量的国有金融资源，以其为中介，推动碳市场建设的方式可以进一步细分为两个层面：其一是为碳市场建设提供资金支持；其二是发挥示范效应，引领其他企业积极参与碳市场交易，提高市场的流动性。中国国电集团、中国石油化工集团、宝钢集团、武汉钢铁集团、中广核电集团等均为大型央企，其作为当地碳交易试点的股东，推动了当地碳市场的建设。

第三，国有金融—金融中介机构—碳市场建设。碳市场的运行需要金融中介机构提供相关的咨询与资产管理服务。金融街控股有限公司、中国光大投资管理有限公司、华能碳资产经营有限公司、中国清洁发展机制基金管理中心、深圳市远致投资有限公司等政府持股比例相对较高的公司，亦为碳市场的建设与发展构建了良好的金融生态环境。

第三节　碳排放交易的环境有效性检验

国家发改委于2011年印发了《关于开展碳排放权交易试点工作的通知》，标志着国内碳市场发展向前迈出了实质性一步。各省市在前期研究工作基础上陆续成立碳排放权交易所，并于2013—2014年陆续正式启动碳交易。目前，国内外有大量学者聚焦于碳交易及碳金融的相关研究，但针对国内碳市场试点机制的减排有效性分析并不多见。

通过对国内外文献梳理分析发现，测算碳交易机制的减排有效性主要有三种方法：计量经济模型[①]、倍差法（Difference-in-Difference，DID）[②] 和一般均衡模型（CGE）[③]。王文军等使用倍差法对国内碳排放权交易试点的减排有效性进行了评估，[④] 其在对照期、实验期的时间选择上，以发改委印发《关于开展碳排放权交易试点工作的通知》为分界点，即以2010年为对照期和实验期的时间临界点。

本书将借鉴王文军所使用的倍差法来测算碳交易机制减排有效性原理，进一步优化了实证的时间选择和减排数据，可以通过实证结果更好地辨识碳交易机制的减排有效性，得出可靠性更高的结论。

在时间区间的选择方面，王文军以2010年设置对照期和实验期的时间临界点，实验期为2011—2015年，但由于各试点交易所最早开始试点交易的深圳交易所开始交易的时间也是2013年8月，七家试点交易所最晚的重庆开始交易的时间是2014年6月，实验期的样本数据太少会影响

---

① Ellerman A. D., Buchner B. K., "Over-Allocation or Abatement? A Preliminary Analysis of the EU ETS Based on the 2005 - 06 Emissions Data", *Environmental & Resource Economics*, Vol. 41, No. 2, 2008, pp. 267 - 287; Martin R., Muûls M., Wagner U. J., "The Impact of the EU ETS on Regulated Firms: What is the Evidence after Nine Years?", *Social Science Electronic Publishing*, Vol. 10, No. 1, 2016, rev016.

② Dai H., Masui T., Matsuoka Y., et al., "Assessment of China's Climate Commitment and Non-fossil Energy Plan Towards 2020 Using Hybrid AIM/CGE Model", *Energy Policy*, Vol. 39, No. 5, 2011, pp. 2875 - 2887; Egenhofer C., Alessi M., Georgiev A., et al., "The EU Emissions Trading System and Climate Policy Towards 2050: Real Incentives to Reduce Emissions and Drive Innovation?", *Social Science Electronic Publishing*, 2011; Cong, J., Liu, Q., Kang, J., et al., "Analysis of Inter-provincial Trade Embodied Carbon Emissions in Beijing-Tianjin-Hebei and Surrounding Provinces: Based on Constructed MRIO Model", *Chinese Journal of Population, Resources and Environment*, Vol. 15, No. 1, 2017, pp. 71 - 79; Wei, W., Li, P., Wang, S., et al., "CO_2 Emission Driving Forces and Corresponding Mitigation Strategies Under Low-carbon Economy Mode: Evidence from China's Beijing-Tianjin-Hebei Region", *Chinese Journal of Population, Resources and Environment*, Vol. 15, No. 2, 2017, pp. 109 - 119.

③ Wang, P., Dai, H. C., Ren, S. Y., et al., "Achieving Copenhagen Target Through Carbon Emission Trading: Economic Impacts Assessment in Guangdong Province of China", *Energy*, Vol. 79, No. 1, 2015, pp. 212 - 227; 朱永彬、刘晓、王铮：《碳税政策的减排效果及其对我国经济影响的分析》，《中国软科学》2010年第4期，第1—9、87页；梁伟、朱孔来、姜巍：《环境税的区域节能减排效果及经济影响分析》，《财经研究》2014年第1期，第40—49页。

④ 王文军、谢鹏程、李崇梅、骆志刚、赵黛青：《中国碳排放权交易试点机制的减排有效性评估及影响要素分析》，《中国人口·资源与环境》2018年第4期。

实证结论。优化实验期的时间划分后，则能有效解决该问题。对比各试点交易所截至 2015 年和截至 2016 年与基准年（2018 年）的比值发现，以 2010 年为临界点，实验期数据占总样本数据仅为 22%、30%，而以 2013 年为临界点，实验期数据占总样本数据能达到 48%、53%（参见表 5.4）。数据对比也能说明优化对照期和实验期的时间临界点能提升实证结果的有效性。

表 5.4　不同时间区间累计碳排放交易量（交易金额）占比统计　单位:%

		深圳	上海	北京	广东	天津	湖北	重庆	合计
交易量	2015/2018	18	26	23	11	37	39	3	22
	2016/2018	49	58	46	41	44	61	9	48
交易额	2015/2018	29	32	22	17	49	47	24	30
	2016/2018	56	43	44	45	54	66	37	53

注：1. 2015/2018 表示截至 2015 年的累计碳排放交易量（交易金额）与截至 2018 年的累计碳排放交易量（交易金额）的比值；

2. 2016/2018 表示截至 2016 年的累计碳排放交易量（交易金额）与截至 2018 年的累计碳排放交易量（交易金额）的比值；

数据来源：Wind 数据库。

在工业消耗标准煤的数据处理上，王文军在数据处理上仅使用工业消耗标准煤，虽统计方便但不够精确，本书在处理 CO_2 排放数据时，使用了工业耗能中包括原煤、洗精煤、其他洗煤、焦炭等全口径能源消耗，确保了模型测算结果的精确度。在优化模型使用细节后，通过使用的倍差法来测算碳交易机制减排有效性，对国内试点地区已运行交易机制的有效性进行评价，进而识别影响碳交易机制能发挥减排有效性的关键要素。

一　模型设定

经济周期、技术进步、政策调控、企业成本管理等诸多因素都有可能引起碳排放水平发生较大变化，自碳交易试点运行以来，碳交易机制作为外生变量，其对碳排放水平产生的影响有待进一步确认。本节根据影响因素对碳排放的减排贡献进行分解，从中辨别出因碳交易机制而产生的“额外”减排贡献。再使用 DID 工具建模，对 7 家碳排放权试点交易所的交易机制是否存在“额外”减排进行测算；另外，由供需原理来看，只有当交易机制设定的配额供给量低于实际碳排放需求量时，才能对碳排放构成强约束，此时，作为制度外生变量的碳交易机制与“额外”减排率之间就能建立对应关系。

若要实现碳交易机制减排的有效性，需要满足以下三个条件：第一，碳排放配额的供需关系是判断碳减排机制有效性的充分条件；第二，碳交易排放减排机制是否会贡献“额外”减排率，是判断碳交易机制减排有效性的必要条件；第三，根据条件一、二的充分必要条件标准，构建碳交易机制减排有效性的评价标准。

（一）模型假设

（1）将工业行业作为碳交易机制试点地区的唯一管理对象；

（2）CO_2 排放来源于各种能源的消耗，但在工业生产过程中产生的 CO_2 排放不记入碳排放；

（3）模型研究的对照期和实验期无自然技术进步，这期间的减排技术保持不变；

（4）在实验期，试点地区运行的碳交易机制是影响 CO_2 排放水平的唯一外生变量。

（二）模型构建

根据模型假设，样本地区在 2013—2016 年试验期内存在两个相对减排率，一是依据碳排放权配额预算测算的相对减排率，用 $Y_A^{(*)}$ 表示；二是由样本地区的实际碳排放测算的相对减排率，用 Y_A 表示。在 2009—2012 年参照期内，由于没有碳交易机制这一制度外生变量，则样本地区的实际碳排放测算的相对减排率，可用 Y_B 表示。

2009—2012 年参照期用下标 B 表示，2013—2016 年试验期用下标 A 表示；工业行业用下标参数 k 表示，则工业行业的能源消耗量和工业增加值可表示为 E_k 和 GDP_k；用 t_0 和 t_1 分别表示期初和期末。那么，对照期内，工业能源消耗强度变化可用 Δe_{k_B} 表示，且 $\Delta e_{k_B} = \left(\frac{E_{k,B(t_1)}}{GDP_{k,B_1}} - \frac{E_{k,B(t_0)}}{GDP_{k,B_0}}\right)/$

$\frac{E_{k,B(t_0)}}{GDP_{k,B_0}}$，试点地区能源消耗强度变化平均水平可用 $\overline{\Delta e_{k_B}}$ 表示，且 $\overline{\Delta e_{k_B}} = \left(\frac{E_{B(t_1)}}{GDP_{B_1}} - \frac{E_{B(t_0)}}{GDP_{B_0}}\right) / \frac{E_{B(t_0)}}{GDP_{B_0}}$。

实验期内，实际工业能源消耗强度变化可用 Δe_{k_A} 表示，且 $\Delta e_{k_A} = \left(\frac{E_{k,A(t_1)}}{GDP_{k,A_1}} - \frac{E_{k,A(t_0)}}{GDP_{k,A_0}}\right) / \frac{E_{k,A(t_0)}}{GDP_{k,A_0}}$，存在碳配额总量供给情形下的工业能源强度变化可用 $\Delta e^*_{k_A}$ 表示，且 $\Delta e_{k_A} = \left(\frac{CAP}{GDP_{k,A_1}} - \frac{E_{k,A(t_0)}}{GDP_{k,A_0}}\right) / \frac{E_{k,A(t_0)}}{GDP_{k,A_0}}$，其中，CAP 为碳配额问题控制，试点地区能源消耗强度变化平均水平可用 $\overline{\Delta e_{k_A}}$ 表示，且 $\overline{\Delta e_{k_A}} = \left(\frac{E_{A(t_1)}}{GDP_{A_1}} - \frac{E_{A(t_0)}}{GDP_{A_0}}\right) / \frac{E_{A(t_0)}}{GDP_{A_0}}$。

根据相对减排率的定义，Y_B、Y_A、$Y_A^{(*)}$ 可分别表示为：

$$Y_B = \frac{\Delta e_{k_B}}{\overline{\Delta e_{k_B}}} \tag{5.1}$$

$$Y_A = \frac{\Delta e_{k_A}}{\overline{\Delta e_{k_A}}} \tag{5.2}$$

$$Y_A^{(*)} = \frac{\Delta e^*_{k_A}}{\overline{\Delta e_{k_A}}} \tag{5.3}$$

1. 讨论碳交易机制减排有效性的充分条件

国内大部分碳交易试点地区的机制都主要依据区域内控排企业的历史能源活动与排放数据设定碳排放配额总量，即 CAP。以上海试点为例，除对发电、电网和供热等电力热力行业采用基准线法外，对工业企业、航空、港口及产品复杂的行业均采用历史排放法。与企业的实际需求相比，碳排放配额总量设定存在过紧或过松的情况。定义配额问题松紧程度为 $C = \frac{\Delta e^*_{k_A}}{\Delta e_{k_B}}$，且 $C>0$。如果供需不平衡，供给高于需求时，不能对企业形成有效约束，即 $\Delta e^*_{k_A} < \Delta e_{k_B}$，即 $C<1$，此时不满足碳交易机制减排有效性的充分条件；反之，当供给低于需求时，能对企业形成约束，即 $\Delta e^*_{k_A} \geqslant \Delta e_{k_B}$，即 $C \geqslant 1$，碳排放配额总量松弛度大于 1，此时满足碳交易

机制减排有效性的充分条件。

2. 讨论碳交易机制减排有效性的必要条件

本书通过对照期和实验期的碳排放水平的相对减排率对比，来研究分析外生政策变量对相对减排率的影响。相对减排率是指在同一时期，在同一区域内，工业碳强度下降程度与全社会碳强度下降程度的比值。根据相对减排率定义，可以以全社会平均碳强度下降水平为基准，来测算 7 个试点区域的实际碳强度下降幅度。在 2008—2012 年参照期内，由于不存在外生变量影响，且节能减排技术未有大的突破，工业行业的减排率与全社会的减排率均处于相对稳定区间，最大限度剔除了外部因素对相对减排率的影响。由模型假设可知，试点地区的碳排放强度主要受经济周期、企业成本管理等因素影响，当经济增速降低（提升）时，同一地区的碳排放强度会整体降低（提升），这种情形下，参照期内，7 个试点地区的相对减排率保持不变。在 2013—2017 年试验期内，由于碳交易机制这一外生变量出现，相对减排率较参照期的相对减排率可能会出现变化，相对减排率的差就代表外生变量在减排率上的“额外”贡献。

通过比较 $Y_A^{(*)}=\frac{\Delta e_{k_A}^{*}}{\Delta e_{k_A}}$ 与 $Y_B=\frac{\Delta e_{k_B}}{\Delta e_{k_B}}$ 的大小，可以知道外生变量—碳交易机制的设计是否产生了“额外”的减排率；通过对比对照期和实验期的减排率 $Y_B=\frac{\Delta e_{k_B}}{\Delta e_{k_B}}$ 和 $Y_A=\frac{\Delta e_{k_A}}{\Delta e_{k_A}}$ 的大小，可以进一步明悉碳交易机制是否实现“额外”减排率。根据减排机制设计原理，若在实验期来自实际发生或机制设计出现的“额外”减排率都视为满足碳交易减排有效性的必要条件，则 $Y_A^{(*)}$，Y_A 和 Y_B 的关系有三种可能。

情形 1：$Y_A^{(*)}>Y_B\geqslant Y_A$，表示对照组的相对减排率低于实验组的机制设计预算相对减排率，但高于实验组的实际相对减排率。由于 $Y_B<Y_A^{(*)}$，所以此种情形满足有效性必要条件，但由于实际过程中可能受到其他因素影响，导致实际减排效果打折，故出现 $Y_A<Y_B$。

情形 2：$Y_A>Y_B\geqslant Y_A^{(*)}$，表示对照组的相对减排率低于实验组的实际相对减排率，但高于实验组的机制设计预算相对减排率。由于 $Y_B<Y_A$，所以此种情形满足有效性必要条件，但由于配额总量设置过偏松等

原因，导致 $Y_A^{(*)} < Y_B$。

情形 3：$Y_A, Y_A^{(*)} > Y_B$，表示实验组的实际相对减排率和碳交易减排机制设计预算相对减排率均高于对照组的相对减排率。由于 $Y_B < Y_A$，$Y_A^{(*)}$，所以此种情形满足有效性必要条件。

（三）构建评价标准

根据对充分条件和必要条件的讨论，碳交易机制减排有效性的判断矩阵如表 5.5 所示。

表 5.5　　碳交易机制减排有效性判断矩阵

	$C < 1$	$C \geqslant 1$
$Y_A^{(*)} \geqslant Y_A > Y_B$	——	（+，+）+
$Y_A^{(*)} > Y_B \geqslant Y_A$	——	（+，+）+
$Y_A \geqslant Y_A^{(*)} > Y_B$	（-，+）+	（+，+）+
$Y_A > Y_B \geqslant Y_A^{(*)}$	（-，+）+	（+，+）+
$Y_B > Y_A \geqslant Y_A^{(*)}$	（-，-）-	——
$Y_B > Y_A^{(*)} \geqslant Y_A$	（-，-）-	——

注：1. 括号内左侧符号代表充分条件，括号内右侧符号代表必要条件，“-”表示不满足条件，“+”表示满足条件；

2. 括号外右侧符号代表总减排效应，“+”表示有减排效应，“-”表示没有减排效应；

3. “——”表示此情形不存在。

1. 当 $C<1$ 时，且有 $Y_A^{(*)} \geqslant Y_A > Y_B$ 或 $Y_A^{(*)} > Y_B \geqslant Y_A$ 时，此情形不存在

$C<1$ 表示配额总量供给大于需求，不构成强约束，根据碳排放权配额预算得到的相对减排率不可能高于实验组的实际相对减排率，或不可能高于对照组的相对减排率。

2. 当 $C<1$ 时，且有 $Y_A \geqslant Y_A^{(*)} > Y_B$ 或 $Y_A > Y_B \geqslant Y_A^{(*)}$ 时，满足必要非充分条件

$C<1$ 表示配额总量供给大于需求，不构成强约束，属非充分条件，由于 $Y_A^{(*)} > Y_B$ 和 $Y_A > Y_B$ 表示对照组的减排相对率低于配额总量预算减排

相对率和实际减排相对率，满足减排有效性的必要条件，此情形下，属于必要非充分条件。

3. 当 $C<1$ 时，且有 $Y_B>Y_A\geqslant Y_A^{(*)}$ 或 $Y_B>Y_A^{(*)}\geqslant Y_A$ 时，碳交易减排机制失灵

$C<1$ 表示配额总量供给大于需求，不构成强约束，而 $Y_B>Y_A\geqslant Y_A^{(*)}$ 或 $Y_B>Y_A^{(*)}\geqslant Y_A$ 表示实验组的相对减排率低于对照组，没有形成“额外”减排率。此种情形下，认为碳交易机制不满足充分必要条件，称之为减排失灵。

4. 当 $C\geqslant1$ 时，且有 $Y_A^{(*)}>Y_B$ 时，满足充分必要条件，外生变量碳交易机制有强有效性

（1）当 $Y_A^{(*)}\geqslant Y_A>Y_B$ 时，表示配额总量预算偏紧，配额总量相对减排率超过了企业实际相对减排率，对经济造成了较为负面的冲击，则可以建议增加配额预算降低企业的减排压力。

（2）当 $Y_A^{(*)}>Y_B\geqslant Y_A$ 时，表示对照组的相对减排率低于实验组的碳交易减排机制设计预算相对减排率，但高于实验组的实际相对减排率。说明碳交易减排机制在实施过程中受到边际减排效应递减等其他因素影响，使得减排效果打折。

（3）当 $Y_A\geqslant Y_A^{(*)}>Y_B$ 时，表示配额总量预算减排率高于对照组的相对减排率，低于实验组实际相对减排率，说明企业有较大减排潜力，在制定下一期配额总量预算时可缩减标准，提高减排有效性。

5. 当 $C\geqslant1$ 时，且有 $Y_A>Y_B\geqslant Y_A^{(*)}$ 满足充要条件，此情形具有技术减排有效性

$C\geqslant1$ 表示配额总量供给小于需求，碳配额预算对相对减排率构成强约束，满足充分条件，由于可能的技术突破，实验组的相对减排率高于对照组的相对减排率，可以进一步缩减配额总量以提高减排有效性。

6. 当 $C\geqslant1$ 时，且有 $Y_B>Y_A\geqslant Y_A^{(*)}$ 或 $Y_B>Y_A^{(*)}\geqslant Y_A$ 时，此情形不存在

（1）当 $Y_B>Y_A\geqslant Y_A^{(*)}$ 时，由于配额总量供给小于需求，碳配额预算对相对减排率构成强约束，不考虑技术突破时，$Y_A^{(*)}$ 应该大于 Y_B，

与 $Y_B > Y_A \geqslant Y_A^{(*)}$ 矛盾；若考虑技术突破，$Y_A^{(*)}$ 可以小于 Y_B，但此时 Y_A 应该大于 Y_B，与 $Y_B > Y_A \geqslant Y_A^{(*)}$ 矛盾，因此，此情形也不存在。

（2）当 $Y_B > Y_A^{(*)} \geqslant Y_A$ 时，由于配额总量供给小于需求，碳配额预算对相对减排率构成强约束，不考虑技术突破时，$Y_A^{(*)}$ 应该大于 Y_B，与 $Y_B > Y_A \geqslant Y_A^{(*)}$ 矛盾；若考虑技术突破，$Y_A^{(*)}$ 可以小于 Y_B，但此时 Y_A 应该大于 Y_B，与 $Y_B > Y_A \geqslant Y_A^{(*)}$ 矛盾，因此，此情形也不存在。

二 样本选择及统计性分析

（一）样本与时间区间选择

本书以国内的北京、上海、天津、重庆等 7 个试点地区为研究对象，考虑到广东和深圳在能源消耗方面的数据不能分开处理，此处将对广东和深圳统一考虑，则模型以北京、上海、广东等 6 个试点地区为研究样本。

由于我国 7 个碳交易所开始运行的时间是 2013 年，则以此时间为分界点。从数据可得性来看，现只能从《中国能源统计年鉴》得到 2016 年的数据，故选择 2013—2016 年为实验期，以研究样本地区的工业行业为实验组；设 2009—2012 年为模型的对照期，以研究样本地区的工业行业为对照组。依据时间变量和外生政策变量对研究样本进行划分，以样本地区存在对照组和实验组两种不同的研究对象。

（二）变量统计性分析

1. 碳配额

随着 2013 年 7 个碳交易试点的陆续启动，各试点地区由于区域情况和纳入行业范围方面都有所不同使得碳配额总量也不同，2013—2016 年各试点地区的碳配额总量（CAP）如表 5.6 所示。

表 5.6 试点地区碳配额总量统计 单位：亿吨

年份	北京	天津	上海	湖北	广东	重庆	深圳
2013	0.45	1.60	1.60	3.00	3.88	1.25	0.33
2014	0.45	1.60	1.65	3.24	4.08	1.16	0.33

续表

年份	北京	天津	上海	湖北	广东	重庆	深圳
2015	0.45	1.60	1.65	2.81	4.08	1.06	0.35
2016	0.46	1.60	1.55	2.53	3.86	1.00	0.35

数据来源：公开资料整理。

2. 工业二氧化碳排放量

本书以工业产生二氧化碳为管理对象，通过对煤炭、石油、天然气等能源的统计梳理，使用北京环境交易所公布的《北京市企业（单位）二氧化碳排放核算和报告指南（2013 年版）》[①] 中公布的相关信息，按照 IPCC（2006）不同能源折算公式计算样本地区的二氧化碳的排放数量。折算公式为：$CO_2 = \sum_{i=1}^{14} E_i \times CC_i \times CV_i \times COR_i \times (44/12)$，其中，$E_i$ 表示第 i 类能源的消耗总量，CC_i、CV_i、COR_i 分别指第 i 类能源平均所含的能量值、单位卡路里的含碳量以及碳氧比率，（44/12）表示 CO 到 CO_2 的转换比率，不同能源品种的折算系数参考了张云（2015）[②] 的研究。

依据不同能源品种的折算系数，样本地区的工业二氧化碳排放量见表 5.7。

表 5.7　　样本地区工业二氧化碳排放量　　单位：万吨

	对照期		实验期	
	2009	2012	2013	2016
北京	2033.45	1430.82	996.24	753.99
天津	4744.52	5062.26	5347.42	4585.19

① 《北京市企业（单位）二氧化碳排放核算和报告指南（2013 年版）》中并未包含原油的相关数据，本书用 IPCC（2006）披露的热量及含碳量信息进行补充，并将燃烧率设定为 98%，与汽油、煤油、燃油、柴油等类似能源的燃烧率一致。

② 张云：《中国碳金融交易价格机制研究》，博士学位论文，吉林大学，2015 年。

续表

	对照期		实验期	
	2009	2012	2013	2016
上海	5043.79	5061.65	5014.10	4447.77
湖北	12215.04	17852.62	12051.68	11852.23
广东	14564.14	13704.55	11528.74	11642.83
重庆	6529.63	7951.16	5992.10	6314.69

数据来源：根据《中国能源统计年鉴》相关数据计算整理得到。

三　评价结果分析

（一）样本地区减排有效性分析

根据样本地区的碳配额总量预算、工业能源消耗产生的 CO_2、工业GDP 增加值等数据，运用倍差法原理，估算出样本地区的工业行业分别在对照期实际相对减排率（Y_B）、实验期的实际相对减排率（Y_A）、实验期的配额总量预算相对减排率（$Y_A^{(*)}$）及样本地区的配额总量预算松弛度（C）。

表 5.8　　试点交易地区减排有效性计算结果

	Y_B	Y_A	$Y_A^{(*)}$	C	$\bar{P}$
北京	1.51	1.45	13.58	6.08	49.66
天津	1.30	0.74	9.06	5.26	22.93
上海	1.14	0.78	9.27	8.17	22.94
湖北	1.10	0.94	3.22	3.15	21.97
广东	1.26	1.27	15.18	5.90	27.88
重庆	1.24	3.01	3.64	0.89	23.05

注：碳价格 P 表示各试点地区自交易首日至 2016 年 12 月 31 日的平均价格。

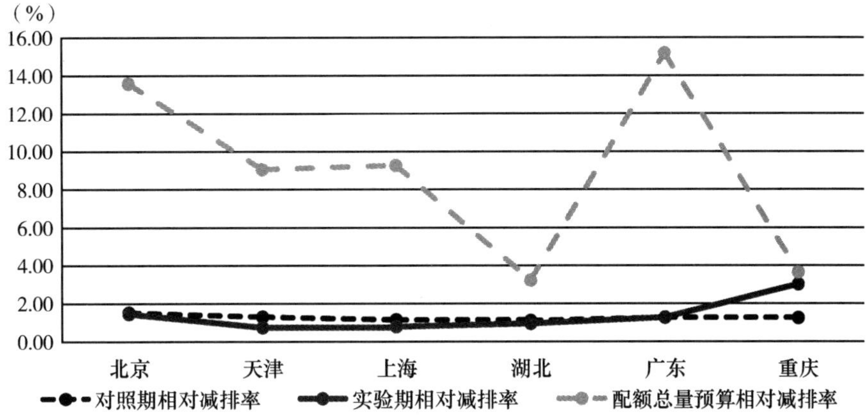

图 5.4　碳交易试点地区碳减排效果比较

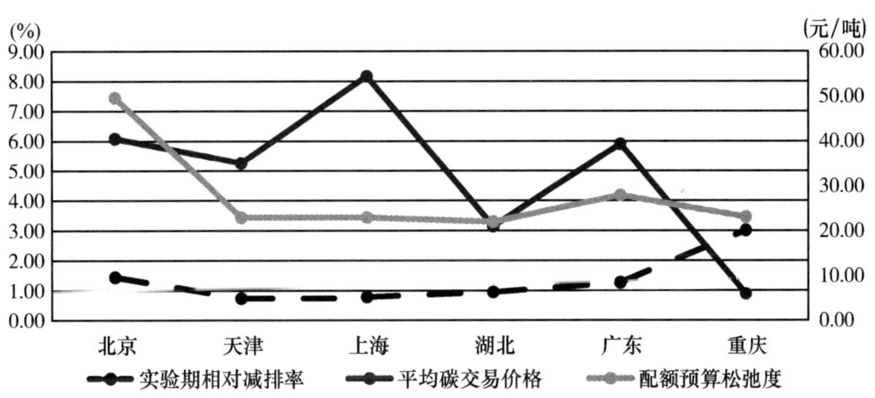

图 5.5　样本地区减排率、配额、碳价关系

结合表 5.8 和图 5.4 和图 5.5，根据各样本地区的工业行业分别在对照期实际相对减排率（Y_B）、实验期的实际相对减排率（Y_A）、实验期的配额总量预算相对减排率（$Y_A^{(*)}$）及样本地区的配额总量预算松弛度（C）的相关大小，样本地区在减排有效性矩阵中的分布情况见表 5.9。

表 5.9　　　　样本地区在减排有效性判断矩阵分布

	$C<1$	$C \geqslant 1$
$Y_A^{(*)} \geqslant Y_A > Y_B$	重庆	广东

续表

	$C<1$	$C\geqslant 1$
$Y_A^{(*)}>Y_B\geqslant Y_A$		北京、天津、上海、湖北
$Y_A\geqslant Y_A^{(*)}>Y_B$		——
$Y_A>Y_B\geqslant Y_A^{(*)}$		——
$Y_B>Y_A\geqslant Y_A^{(*)}$		——
$Y_B>Y_A^{(*)}\geqslant Y_A$		——

分布1：重庆在碳配额总量预算松弛度都小于1的情况下，出现 $Y_B<Y_A\leqslant Y_A^{(*)}$，与我们理论分析部分论述该情况不存在发生矛盾。原因在于，重庆2013年的工业碳排放量相较于2012年和2016年的工业碳排放量属奇异值，2013年比2012年工业碳排放量巨幅下降，而2016年的工业碳排放量又小幅提升，使得 $Y_B<Y_A<Y_A^{(*)}$。

分布2：广东在碳配额总量预算松弛度都大于1的情况下，出现 $Y_B<Y_A\leqslant Y_A^{(*)}$，满足碳交易机制减排有效性的充分必要条件，由于技术突破或企业成本管理方面原因，企业减排潜力大、动力强，从而使得 $Y_B<Y_A<Y_A^{(*)}$。

分布3：北京、天津、上海、湖北在碳配额总量预算松弛度都大于1的情况下，出现 $Y_A<Y_B<Y_A^{(*)}$，以上地区在实验期的相对减排率低于对照期的相对减排率，碳交易减排机制在实施过程中受边际减排效应递减等其他因素影响，使得减排效果打折，出现 $Y_A<Y_B$。

（二）碳减排有效性的影响因子分析

对样本地区碳交易机制减排有效性分析后，发现碳排放配额总量、样本地区的减排潜力、样本地区的碳排放水平、样本地区的经济结构、碳价均对减排交易机制有效性有不同程度的影响。

（1）表5.8中的数据表明，碳平均价格除北京均价在近50元/吨以外，其他地区的价格都在20—30元的区间内波动。碳配额总量会影响供需关系，但碳配额总量是宏观信号，企业在进行减排决策时，碳配额总量的参考意义不大。反而是碳价格作为碳交易机制的衍生产物，价格高低对企业减排决策具有较大的影响，在单个企业进行减排决策有较高的指导意义。如：当生产规模扩大时，企业可通过升级设备提高生产效率来降低碳排放，也可以通过在碳市场购买配额抵销超额碳排放，碳价较高时，企业就愿意通过升级设备来实现减排；反之，企业就愿意在市场上购买。

（2）当所在地区有减排潜力时，碳配额总量的供需会决定碳交易机制减排的有效性，当所在地区减排潜力下降时，碳配额总量的供需对碳交易机制减排有效性会比较有限。

（3）所在地区的社会整体碳排放水平、产业结构升级情况对碳交易机制减排有效性有较大影响。在经济增速稳定、产业结构稳定、技术进步变化不大的经济体，合理的机制内在要素将决定碳交易机制的减排有效性；如果减排技术突破、产业结构变化、经济增速变缓都可能使所在地区的碳排放水平大幅降低，此时，碳交易机制内在要素对减排的影响力将减弱。

四　实证研究结论及建议

通过对国内样本地区的碳交易机制减排有效性评价发现：北京、天津、上海、湖北、广东等试点地区的碳交易机制具备减排有效性，重庆受样本数据影响，既不满足减排有效性的充分条件，也不满足减排有效性的必要条件。从评价方法来看，影响碳交易机制减排有效性的要素主要有：合理且稳定的碳交易价格、交易机制管理对象的减排潜力大小、碳配额总量设定的松弛度以及诸如经济增速变化、产业结构变化等因素引进的外部经济环境变化对减排的冲击。

综合分析碳排放权交易中心股权结构和碳交易机制减排有效性的结果发现，国有金融资源在碳市场这一新领域既保持了国有金融资本控制力和主导作用，也在有步骤引进社会资本（如天津交易所引进阿里等社会资本）继续按照市场化原则推动行业绿色化发展。既实现了减少对国有金融资本的过度占用，又实现了国有金融资源的优化配置。

通过对影响碳排放权交易有效性的相关因素分析，建议在碳市场的发展中，按照边际减排成本由低到高的顺序逐步覆盖纳管企业，采用基准法确立排放总量，以免费配给与拍卖相结合并逐步过渡到完全拍卖的方式对配额进行分配，通过设置双边安全阀、预留储备、抵消机制等方式构建碳交易价格稳定机制，为碳交易推动减排实现创造良好的制度环境。

第四节　本章小结

本章从碳市场切入，研究了国有金融资源绿色化配置的创新模式，并通过对股权结构的层层穿透测算国有成分的占比，使用倍差法对碳排放交易体系的减排效应进行检验，提出了国有金融推进碳市场建设的路径选择。理论分析与实证检验的结果表明，国有金融通过产权交易中心、大型央企、金融中介机构等三条路径，在碳排放交易体系的建设中发挥了主导作用，有效地推动了节能减排的实现，实现了国有金融资源的绿色化配置，推动了绿色发展。

第六章

国有金融资源绿色化配置的实证检验

无论是在绿色信贷、绿色保险、绿色证券，还是在碳市场之中，国有金融资源都占了较高的比重，缓解了绿色发展维度财政资金所面临的巨大压力，为践行“创新、协调、绿色、开放、共享”的发展理念，落实“两山论”的价值观，开创了多重路径。

从企业社会责任的视角而言，国有金融企业的性质与目的决定了其应赋予绿色发展足够的权重，而国有金融企业自身在规模效应、信息获取、风险控制等维度的比较优势，亦为其绿色发展“领头兵”功能的发挥提供了保障。然而，深入理解绿色发展的内在含义、明确国有金融在资源优化配置的实践过程中是否具有绿色化倾向以及其行为选择对非国有商业型金融企业是否具有引导功能等相关问题仍需进一步深入探讨。

本章首先在现有以环境质量、经济效率作为目标的绿色发展模式中加入社会福祉的要素，将绿色发展的内涵拓展为兼顾环境、效率和公平三要素的可持续发展。随后以国有金融资源集中度和渗透度均较高的银行业为例，使用主成分分析的方法构建绿色指标体系，检验国有金融资源配置的绿色化倾向，使用格兰杰因果检验，识别国有金融绿色化水平的提高是否对商业性金融具有引导作用。

第一节　绿色发展内涵的再界定

绿色发展的起源可以追溯到20世纪60年代美国学者鲍丁提出的宇宙

飞船经济学。OECD（2011）将绿色发展定义为“在维持经济增长与发展的同时，确保自然资本能够持续提供人类生存所需的自然与环境资源”[①]。绿色发展要统筹兼顾“发展”与“绿色”的两个方向，从目前对绿色发展含义的研究可分为两类：一类侧重积极应对在经济发展过程中遇到的气候变化与环境保护等问题，另一类侧重将绿色产业看作新的经济增长点。[②] 一些学者基于存量与增量的角度，将绿色发展分为绿色治理和绿色增长两方面。[③] 唐啸根据侧重点的不同，将绿色经济学理论分为效率导向、规模导向和公平导向三类，其划分标准为本书评价指标体系的构建提供了参考。[④] Eleonore Loiseauet 等从弱可持续发展和强可持续发展两个视角，梳理生态经济学、环境经济学等学科中有关绿色经济的定义。[⑤] 目前来看，学者们的研究虽然在有关绿色发展含义的确定上存在分歧，但大体上都将可持续发展作为重点。

本书认为绿色发展是在强可持续发展的框架下，以提高人类福祉作为终极目标，以生产发展、生活富裕和生态良好作为外在体现的一种发展模式。本书中所使用的“绿色化”是一个动态性指标，引入了对人类福祉和社会公平的考量，其内涵为金融资源的配置在环境、公平及效率三个维度具有稳中向好的变动趋势。

第二节　理论推演与假设提出

社会主义市场经济框架下的国有企业不仅是政府干预经济的手段，亦是政府参与经济的手段，在实践国家战略、调整经济结构以及稳定经

① OECD, Towards Green Growth: Monitoring Progress, http://dx. doi. org/10. 1787/9789264111318 – en.

② 郑红霞、王毅、黄宝荣：《绿色发展评价指标体系研究综述》，《工业技术经济》2013 年第 2 期

③ 俞岚：《绿色金融发展与创新研究》，《经济问题》2016 年第 1 期

④ 唐啸：《绿色经济理论最新发展述评》，《国外理论动态》2014 年第 1 期。

⑤ Eleonore Loiseau, et al., “Green Economy and Related Concepts: An Overview”, *Journal of Cleaner Production*, No. 139, 2016, pp. 361 – 371.

济发展等维度发挥着重要功能[①]，促进国家和地方经济发展是中国国有企业社会责任特有的维度[②]，应跳出“国有企业低效论”的话语陷阱[③]，明确大力推进国有企业改革，激发国有企业活力，做大做强国有企业与发挥市场在资源配置中的决定性作用并不矛盾，而是一个有机整体。绿色、创新、共享是当前引导经济发展核心理念的重要组成部分，其中，绿色金融已被提升至发展战略的高度。国有金融的国有属性决定了其在绿色发展中的先行功能，其金融属性决定了其资源配置对于引导绿色发展的重要性。

绿色金融被视为金融机构应当履行的一种社会责任。[④] 从企业社会责任的视角来看，绿色发展同时体现了企业社会责任理论中的经济责任与伦理责任的内涵，同时亦是三重底线理论的核心部分。[⑤] 黄群慧等将责任管理引入三重底线理论，构建了市场责任、社会责任、环境责任、责任管理“四位一体”的社会责任理论模型与分行业的评价指标体系，以中国100强企业为样本，检验结果证明央企、国有金融企业在环境责任的履行方面优于其他企业。[⑥] 然而，睢立军等实证检验的结果显示，政府持股比例与金融机构社会责任水平之间存在显著的负相关关系。[⑦] 如何避免权小峰等在针对非金融行业上市公司的研究中所发现的企业社会责任更多

① 黄速建、余菁：《国有企业的性质、目标与社会责任》，《中国工业经济》2006年第2期。

② 徐尚昆、杨汝岱：《企业社会责任概念范畴的归纳性分析》，《中国工业经济》2007年第5期。

③ 厦门大学中国特色社会主义研究中心：《“国企低效论”辨析》，《求是》2016年第18期。

④ Roopa T. N. , Nisha Rajan, Suhasini, “Green Finance-The Trends and Opportunities”, *Asia Pacific Journal of Management & Entrepreneurship Research*, No. 2, 2012, pp. 239 – 249.

⑤ Archie B. Carroll, “A Three-Dimensional conceptual model of corporate performance”, *The Academy of Management Review*, Vol. 4, No. 4, 1979, pp. 497 – 505.

⑥ 黄群慧、彭华岗、钟宏武、张蒽：《中国100强企业社会责任发展状况评价》，《中国工业经济》2009年第10期。

⑦ 睢立军、董竹、朱茵烨：《企业社会责任与金融机构股权结构的实证研究》，《东北师大学报》（哲学社会科学版）2016年第1期。

沦为“自利工具”的现象?[①] 本书根据金融功能论、企业社会责任理论以及部分实证分析结论不一致的现状，提出研究假设1。

假设1：国有金融资源配置具有绿色化倾向。

引导商业性金融机构的绿色发展是国有金融的职能与责任。现有学者已经验证，开发性金融在碳金融体系构建中具有引致功能，能够引导商业性金融的行为选择，共同致力于绿色发展目标的实现。[②] 如果将研究对象由开发性金融拓展到国有金融，将发展模式由低碳发展拓展至三维目标导向下的绿色发展，引致功能是否依然会存续? 据此，本书提出假设2。

假设2：政府持股比例较高的银行，其绿色化水平高于政府持股比例较低的银行，并且前者对于后者的行为选择具有引导功能。

政府持股比例对商业银行绿色发展的影响大体可以总结为三方面：第一，通过大型国有控股商业银行的示范效应，带动其他政府持股比例较低的商业银行推动绿色发展；第二，推进绿色金融体系的构建，为商业银行的绿色发展创建良好的市场环境和制度环境，增强商业银行制定和践行绿色发展战略的自觉性和主动性；第三，利用政府信用的背书，吸引境内外民营资本和社会资本的参与，探索多元化的绿色发展路径。

第三节 国有金融资源绿色化配置的实证检验

在强可持续假设的生态经济学的研究范式下，本书以绿色发展的新内涵为基础，对研究假设进行实证检验。

一 评价指标体系构建

在经济—社会—生态的复合视角下，本书从环境、公平和效率三个

---

① 权小锋、吴世农、尹洪英：《企业社会责任与股价崩盘风险：“价值利器”或“自利工具”?》，《经济研究》2015年第11期。

② 杜莉、张云、王凤奎：《开发性金融在碳金融体系建构中的引致机制》，《中国社会科学》2013年第4期。

维度构建二级指标。设定环境维度下包括传统金融市场和碳市场参与度两个三级指标；设定公平维度下包括普惠性一个三级指标；设定效率维度下包括收益性和风险性两个三级指标，概括起来，绿色化综合指标则包括三个二级指标、五个三级指标（如表6.1所示）。

表6.1　国有金融资源配置绿色化评价指标体系——以银行业为例

一级	二级	三级	具体指标
金融资源配置绿色指数——以银行业为例	环境	碳市场参与度	是否参与碳市场①
		传统金融市场	是否发行绿色债券②
			绿色信贷余额③
			绿色信贷占比④
	公平	普惠性	涉农贷款余额⑤
			涉农贷款占比⑥
			小微企业贷款余额⑦
			小微企业贷款占比⑧
	效率	收益性	加权平均净资产收益率
			净利润
		风险性	资本充足率
			不良贷款率

综合考虑数据的可得性和代表性，针对碳市场参与度指标，本书选用虚拟变量——在样本期间是否参与碳市场作为具体指标。针对传统金融市场指标，本书选择了是否发行绿色债券、绿色信贷余额、绿色信贷

① 是否参与碳市场：参与为1；未参与为0。

② 是否发行绿色债券：发行或承销为1；未发行或承销为0。

③ 绿色信贷余额：数据源于各个银行2011—2016年发布的企业社会责任报告与可持续发展报告（兴业银行、中国国家开发银行）。

④ 绿色信贷余额占比：绿色信贷余额/客户贷款及垫款余额（贷款余额）。

⑤ 涉农贷款余额：未明确披露该项数据的银行，其样本数据由农林牧渔业贷款或分行业贷款中的“其他”替代。

⑥ 涉农贷款余额占比：涉农贷款余额/客户贷款及垫款余额（贷款余额）。

⑦ 小微贷款余额：境内小微企业贷款余额。

⑧ 小微贷款余额占比：小微贷款余额/客户贷款及垫款余额（贷款余额）。

占比作为具体的测度指标。普惠性指标，选择涉农贷款规模、涉农贷款占比、小微企业贷款余额及其占比作为具体指标。收益性指标，本书选择加权平均净资产收益率和净利润作为具体指标，风险性指标，本书选择了不良贷款率和资本充足率进行表示。

二 样本选择与技术路线

（一）样本选择

本书按照国有化程度由强到弱的标准，选择 3 家政策性银行、5 家大型国有控股商业银行和 17 家股份制商业银行，构建多层次的研究体系（参见表 6.2）。对于商业银行的选择，文章参考了银监会 2017 年发布的以核心一级资本净额作为标准的《中国前 100 家银行排名》。考虑样本的代表性，首先筛选前 50 家银行作为研究对象，其资产总额占据前 100 家银行的 95.01%。结合样本数据的可得性，最终选择 22 家商业银行作为研究样本。

表 6.2　多层次的金融资产框架——以银行业为例①

多层次的金融资产框架	政策性银行（3 家）	中国国家开发银行②
		中国农业发展银行
		中国进出口银行
	大型国有控股商业银行（5 家）	中国工商银行
		中国农业银行
		中国建设银行
		中国银行
		交通银行

① 通过对各个银行 2016 年年报中所列示的前十大股东中“国家”“国有法人”进行逐层解析和汇总，计算不同银行的政府持股比例，并以政府持股比例对大型国有控股商业银行、一般股份制商业银行分别进行排序。

② 中国国家开发银行虽然已于 2008 年改组为国家开发银行股份有限公司，并于 2015 年被国务院正式定位为开发性金融，但基于国开行的定位与运行模式与传统商业银行存在差异，以及研究的惯性，此处依然将其列入政策性银行的范畴。

续表

多层次的金融资产框架	股份制商业银行（17 家）	渤海银行
		华夏银行
		兴业银行
		招商银行
		中信银行
		浦发银行
		光大银行
		平安银行
		江苏银行
		北京银行
		民生银行
		上海农商银行
		广发银行
		南京银行
		上海银行
		宁波银行
		厦门国际银行

注：本书的样本数据来源于 3 家政策性银行和 22 家商业银行 2011—2017 年度的《企业社会责任报告》及年报。其中存在缺失个别年度数据情况时，本书根据相近年份的平均增长率进行推算。

（二）技术路线

本书实证检验的方法分为如下四个步骤。

第一，采用主成分分析的方法分别对三个维度的具体指标进行降维，生成各个维度的主成分。

$$P_{i,m}^{d,t} = \sum_{j=1}^{n} \alpha_{j,m}^{d} x_{i,j}^{d,t} \tag{6.1}$$

其中，$P_{i,m}^{d,t}$ 代表第 i 家银行在第 d 个维度上第 t 年的第 m 个主成分数值；$i = 1,2,\cdots,22$ 表示中国工商银行等 22 家银行；$m = (1,2,\cdots,q)$ 代表第 m 个主成分；$d = 1,2,3$ 表示环境、公平、效率三个维度；$t = 2001,2002,\cdots,2016$；$j = 1,2,\cdots,n$ 表示第 j 个指标；$\alpha_{j,m}^{d}$ 表示第 d 个维度上第 m

个主成分中第 j 个指标的载荷；$x_{i,j}^{d,t}$ 代表第 i 家银行第 t 年在第 d 个维度上第 j 个指标的样本观测值。

第二，对主成分进行合成，生成环境、公平、效率三个维度的代表性指标。

$$Y_i^{d,t} = \sum_{m=1}^{n} \beta_m^d P_{i,m}^{d,t} \tag{6.2}$$

其中，$Y_i^{d,t}$ 表示第 i 家银行在第 d 个维度上第 t 年的合成指数值；β_m^d 代表第 d 个维度上第 m 个主成分的贡献率。

第三，通过使用等权重①的方法对三个指标进行赋权，加权平均得到不同银行不同年份的绿色指数。接着对指数值的比较以及格兰杰检验识别金融资源配置是否具有绿色化倾向，以及持股比例较高的商业银行是否对持股比例较低的银行具有引导效应；

$$Z_i^t = \sum_{d=1}^{3} w_d Y_i^{d,t} \tag{6.3}$$

其中，Z_i^t 表示第 i 家银行在第 t 年的绿色指数值；w_d 代表第 d 个维度合成指数值的权重。

第四，本书通过调整权重比例对实证检验的结果进行敏感性分析，以避免研究结论对权重赋予方法的依赖性，进而提高研究结论的稳健性。

三 实证检验结果与讨论

依据前文设定的技术路线，使用 Eviews8.0 对样本数据进行主成分分析，测算了环境、公平、效率三个维度的指数值，并最终合成得出了绿色指数。从“绿色化”新的内在含义出发，绿色指数越高则该银行在本年度绿色发展的水平越高；绿色指数在样本期间内表现出持续递增的趋势，则可认定为该银行的资源配置在样本期间内具有绿色化的倾向。

（一）绿色指数的特征分析

1. 政策性银行的绿色指数

基于环境、公平、效率三位一体的绿色发展内在含义，综合政策性

① 目前，对评价指标进行赋权的方法主要有等权重法、主观赋权法、客观赋权法。本书采用等权重法是基于本文对“绿色化”内涵的界定以及强可持续发展的研究设定。

银行的分工及数据的可得性，本书选取了2013—2017年中国国家开发银行的绿色信贷余额作为衡量环境维度的指标，选择中国农业发展银行的贷款余额作为衡量公平维度的指标，选择中国进出口银行的净利润作为衡量效率维度的指标，按照等权重的方法确定政策性银行的绿色指数。结果如图6.1所示，在样本区间内，政策性银行的资源配置体现出显著的绿色化倾向。

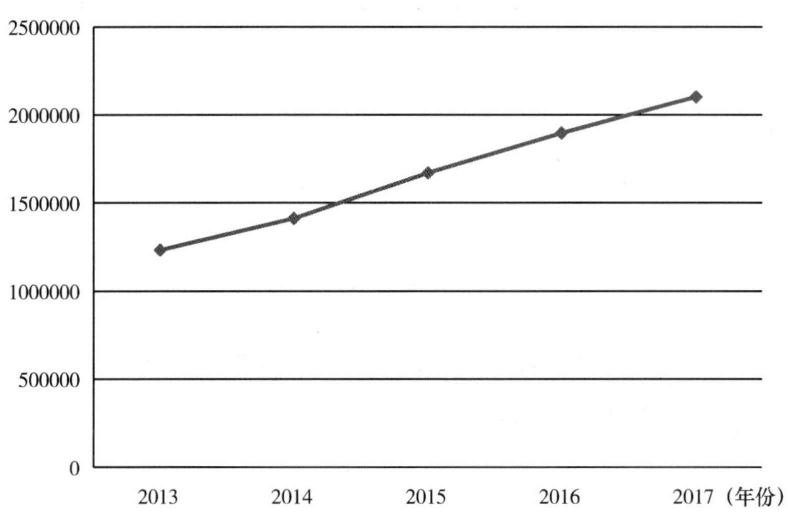

图6.1　政策性银行绿色指数变动情况

2. 商业银行的绿色指数

由于金融资源配置的绿色化需要同时兼顾环境、公平、效率三个维度，因此本书采用等权重法对三个维度的合成指标进行赋权，计算出商业银行2011年至2017年的绿色指数（参见图6.2）。大型国有控股商业银行在样本区间内的绿色指数体现出明显的上升趋势，对前面第一个研究假设提供了经验证明，即国有控股商业银行金融资源配置具有典型的绿色化倾向。另外，大型国有控股商业银行的绿色指数明显高于股份制商业银行，这说明金融资源的规模经济优势在绿色发展的维度依然存在，在一定程度上为跳出“国有经济低效论”的“语言陷阱”提供了有力证据。股份制商业银行的绿色指数也都表现出上升趋势，说明股份制商业银行在样本区间内有明显的绿色化倾向。

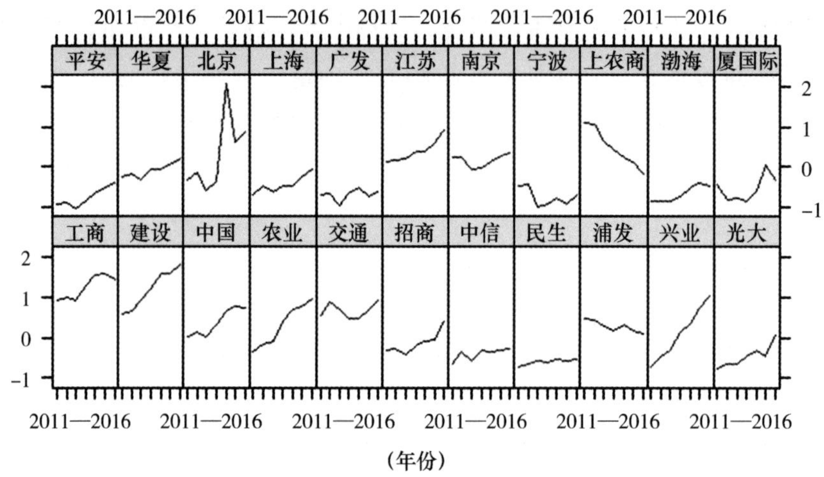

图 6.2 不同商业银行绿色指数变动情况

（二）分析政府持股比例高的商业银行对持股比例低的商业银行的“绿色化”是否存在引致效应

按照持股比例的顺序将样本数据分为政府持股比例相对较高的商业银行（H）与政府持股比例相对较低的商业银行（L）[①] 两组，分别进行格兰杰因果关系检验（见表 6.3）。

表 6.3 格兰杰检验结果

原假设	F 统计量	P 值
政府持股比例较高的商业银行不是政府持股比例较低的商业银行的格兰杰成因	2.9683	0.0898 *
政府持股比例较低的商业银行不是政府持股比例较高的商业银行的格兰杰成因	1.5746	0.2142

注：* 表示在 10% 的显著性水平下显著。

① 本书采用多种分组方法进行稳健性检验。

表6.3的结果表明，大型国有控股商业银行的绿色发展是股份制商业银行的格兰杰成因，而后者并非前者的格兰杰成因，验证了本书的第二项研究假设，即国有金融资源的绿色化配置对股份制商业银行的行为选择具有引致功能。实证检验与理论假设相一致能表明：第一，在大数据时代和互联网金融快速发展的背景下，政府持股比例较高的商业银行在响应政策执行效率方面较强，对政府持股比例较低商业银行的行为选择有引致效果；第二，商业银行在产品开发、业务推广等维度有试错成本，政府持股比例相对较高的商业银行在容忍试错成本方面韧性更强，更容易发现绿色发展的实现路径，进而推动整个商业银行体系的绿色化进程。

四　结论

本书以银行业作为样本，从环境、公平、效率三个维度重新定义“绿色发展”与“绿色化”，并构建绿色评价指标体系，使用主成分分析方法对12个具体指标进行降维、合成，采用等权重的方法对三个维度的指标进行加权平均。通过理论分析与实证检验，得出以下结论：

第一，国有金融资源配置具有绿色化倾向；

第二，大型国有控股商业银行的绿色化水平高于股份制商业银行；

第三，政府持股比例较高的商业银行对持股比例相对较低的商业银行产生引致效应。

建议金融机构以新发展理念为指引，抓住国家建设绿色金融改革创新试验区的契机，通过加快绿色金融发展的基础设施建设、积极参与碳市场、创建绿色金融产品体系等举措，认真践行国有企业的社会责任，尤其是环境责任，提高自身的绿色化水平。具体可以结合市场金融需求的特性，就如何更好地发挥金融服务实体经济的功能，从满足开发性需求、投融资需求、风险分散的需求等三个层面优化商业银行的现有行为。

第一，针对开发性需求，建议充分发挥三家政策性银行（尤其是国家开发银行）在市场开发、信用增进、制度构建等金融基础设施建设方面的优势，按照“政府入口—开发性金融孵化—市场出口”的运作机制，以政府资本作为杠杆，以PPP等多种方式吸引民间社会资本进入，积极探索绿色发展的盈利途径，提高市场的活力和韧性。

第二，针对投融资需求，建议以绿色信贷作为基础，健全信贷标准，积极开展产品与业务创新，大力发展绿色债券、碳金融等新型业态；加强与第三方支付、社交平台的合作，利用数据挖掘技术，在风险可控的前提下，增强对小微企业及农户信贷的支持力度；利用资产证券化业务，盘活存量，释放信贷空间。

第三，针对分散风险的需求，建议守住不发生系统性风险的底线，适度有序地对传统产业进行改造和优化升级；借助绿色保险、绿色发展基金等创新产品为新兴产业的投资进行保驾护航；通过引入风险资本、战略投资者等方式拓宽投资者范围，利用金融市场为不同投资者承担的风险进行科学定价，从而满足风险偏好不同的投资者的投资诉求，同时实现绿色发展风险的分散化。

第四节　本章小结

本章以企业社会责任理论为理论基础，以银行业作为考察对象，按照政府持股比例由高到低的次序，构建了由政策性银行、大型国有控股商业银行、股份制商业银行组成的多层次金融资产框架。从环境、公平、效率三个维度重新定义“绿色”与“绿色化”，并以此为基础构建绿色评价指标体系。随后，本书使用主成分分析法对 12 个具体指标进行降维、合成，采用等权重的方法对三个维度的指标进行加权平均。结果表明，自 2011 年“十二五”规划启动以来，金融资源配置具有显著的绿色化倾向；大型国有控股商业银行的绿色化水平明显高于一般股份制商业银行；政府持股比例较高的商业银行对政府持股比例相对较低的商业银行的行为选择具有一定的引导作用。

第七章

研究结论、政策建议与研究展望

本章将对本书研究的基本结论进行梳理和总结，并进一步从行业、功能、机构属性以及配套政策四个维度为国有金融绿色发展体系的构建提出建议，最后结合本书研究的不足，对未来进一步的研究方向进行展望。

第一节 研究结论

在《关于构建绿色金融体系的指导意见》(2016) 所涉及的绿色金融框架之下，本书从绿色发展视域下国有金融的资源配置着眼，综合运用文献研究法、理论建模法、计量分析法等研究方法，通过构建 SBM - DEA 模型、DEA - TOBIT 模型、演化博弈模型，对绿色信贷、绿色保险、绿色证券以及碳市场发展过程中“国有金融率先进入—引致商业型金融进入—推动绿色发展”的路径进行机制分析和实证检验，得到如下四项主要结论。

第一，绿色发展应在强可持续发展的框架下，以提高人类福祉作为终极目标，在传统的“环境”与“发展”的二维逻辑归宿之上，加入对“公平”因素的考量，以生产发展、生活富裕和生态良好作为引导。

从全面的绿色发展的视角来看，自 2011 年以来，国有金融资源的资源配置具有典型的绿色化倾向，并且对非国有金融的绿色化具有相对显著的引导功能。因此，当前需要深入挖掘金融行业、“三高”行业、绿色环保行业中的国有金融资源，从示范与引导功能、资源配置与风险分散三个方面探索国有金融在绿色发展中的功能，明确中央及地方政府、大型央企、金融机构在国有金融绿色发展体系中的定位，完善激发国有金融效能推进发展相关的政策与制度供给，构建国有金融绿色发展体系。

第二，国有金融具有推进绿色信贷业务开展的原动力，能够利用绿色信贷推进环境质量的改进、产业结构的优化升级乃至自身效率的提升。

从绿色信贷业务开展的驱动力来看，国有成分占比较高的银行开展绿色信贷业务，有助于提升自身的技术效率，即国有金融开展绿色信贷业务既是贯彻落实国家发展战略的政治职能的体现，同时亦是提升改进效率的经济动机的持续推动。国有控股大型商业银行具有规模效应，并且在绿色信贷政策的贯彻实施中具有先行效应和示范效应。

从绿色信贷的效能来看，绿色信贷政策的实施，能够从信贷存量与新增流量两个方向，提高高污染、高排放行业的债务成本，引导资金从“两高”行业退出，增加绿色生态行业的投资额度，推进资金从传统的第一产业、第二产业向第三产业转移，有助于改善环境质量，推进产业结构的优化升级。

第三，国有金融通过融资支持、市场孵化、引导示范等诸多机制，在绿色债券、绿色保险与绿色基金的发展中贡献了重要力量，而绿色债券、绿色保险与绿色基金的广度与深度的不断提升，环境效益日益凸显。

基于 PPP 模式的绿色基金，为国有金融调动社会资本、民间资本进入绿色发展领域开辟了全新的路径。在 PPP 模式的运作中，未来收益可以提高社会资本方承担运营风险的意愿，政府可以通过完善信息披露机制、实施动态的激励性补偿机制、提高间接补贴比例等办法，促使社会资本方出现高概率的选择积极合作策略，提高绿色基金的运营效率。

第四，国有金融的国有属性、体量特征、渗透特性及风险韧性契合了碳排放的准公共物品的特性及碳排放交易政策不确定性高的风险特征，在中国区域性碳市场的构建与发展中发挥了重要功能。国有金融助推碳市场发展的路径主要包括三条：其一是“国有金融—产权交易中心—碳市场”，即国有金融利用现有的产权交易中心中的国有成分，入股碳排放交易体系，进而推进碳市场的建设与发展；其二是“国有金融—大型央企—碳市场”，即国有金融利用大型央企中的国有成分，支持碳市场的建设，参与并引导其他企业进入碳市场；其三是“国有金融—金融中介机构—碳市场”，即国有金融利用银行、证券、保险等金融机构中的国有成分，通过产品与服务创新，推进碳市场的发展。

中国区域碳排放交易试点基本具有减排有效性。[①] 合理且稳定的碳交易价格、控排对象减排潜力的大小、碳配额总量设定的松弛度以及外部经济因素均会对试点减排的有效性产生影响。国有金融资源在碳市场既保持了国有金融资本控制力和主导作用，也在有步骤引进社会资本（如天津交易所引进阿里等社会资本）继续按照市场化原则推动行业绿色化发展。既实现了减少对国有金融资本的过度占用，又实现了国有金融资源的优化配置。

第二节　关于构建国有金融绿色发展体系的政策建议

将从行业、功能、机构属性以及配套政策四个维度研究国有金融绿色发展的网络式体系。在行业维度，将对如何推进金融行业、“三高”[②]行业、绿色环保行业[③]中国有金融资源的绿色化发展进行研究；在功能维度，将从示范与引导功能、资源配置功能、风险分散功能三个方面，探讨国有金融绿色发展体系的架构；在机构属性维度，将从中央及地方政府、大型央企、金融机构的角度，研究不同类型的机构在国有金融绿色发展体系中的定位；在配套政策的维度，将从激励机制与监管机制两个角度，研究支持国有金融资源绿色配置的货币政策、财政政策等内容，构建支撑国有金融绿色发展的政策体系。

一　基于行业资源配置的国有金融绿色发展体系构建

本书将国有金融资源界定为金融机构、中央及地方政府、大型央企

---

① 重庆碳排放权交易中心由于数据缺失等问题，其有效性不显著。

② 此处“三高”是指高污染、高能耗、高排放。

③ 此处“绿色环保行业”主要是指战略新兴产业中的清洁能源、节能减排等环境负荷较小的行业。

等主体所蕴含且能够支配的金融资源。在基于行业的研究中，本节将从金融行业、“三高”密集行业、绿色清洁发展行业三个方面对国有金融进行划分并以此为基础构建国有金融绿色发展体系。

（一）金融行业的绿色化发展体系

金融行业是国有金融资源相对比较密集的行业，其通过产品创新、制度创新等方式为弥补绿色发展的资金缺口做出了重要贡献。以绿色发展理念为指引，以服务实体经济为使命，绿色金融体系的构建为金融行业推进国有金融绿色发展提供了基本框架。

从银行业的视角来看，绿色信贷已经成为其推行绿色发展的重要抓手，但在发展中亦暴露了在贷款余额中占比较低、期限错配、同质化严重等问题。未来宜加强产品创新，发挥银行业多层次国有金融体系的效能：利用政策性银行的特殊定位，增加其对短期盈利能力较弱但社会效益、环境效益显著的节能环保等绿色项目的融资；利用国有商业银行对政治绩效与盈利能力的双重诉求，设置试点加大创新力度，丰富现有的产品体系和发展模式，建立个性化的绿色信贷方案；利用股份制商业银行中国有成分的功能，加强发展理念的宣传与渗透，助推股份制商业银行加强能力建设，推进绿色信贷业务的快速发展。

从保险业的视角来看，我国目前对绿色保险的界定仍然局限于环境污染责任险。在绿色保险的探索中，国有金融从融资机制和市场孵化机制两个维度推动我国从企业自愿参保过渡到强制性保险，但基础设施不完善、中介机构不健全、行业标准不统一等问题制约了绿色保险的发展。在明确并拓展绿色保险内涵的基础之上，保险行业中的国有金融可以从三个方面着眼推进绿色发展：其一是加大技术研发投入力度，通过技术创新，提高环境污染风险及损失的评估水平，提高投资端绿色项目筛选的有效性；其二是加快产品与服务创新，针对不同行业及不同规模企业对环境污染责任险的不同诉求，开发个性化的、差异化的绿色产品与服务，健全绿色保险的产品体系；其三是加强投资者教育，通过自身培训金牌讲师或聘用专门的培训机构，采用讲座、短期培训等多样化的方式，加强绿色理念、责任原则、社会责任投资理论等内容的宣讲，增强企业对绿色保险的认知。

从证券行业的视角，绿色债券和绿色基金均获得了较快的发展。对于绿色债券而言，国有金融通过发挥示范效应、规模效应以及推动健全基础设施等多个渠道，推动了绿色债券市场的建设及发行规模的快速增长，有望引导更多的社会资本进入，协同推进绿色债券市场机制的完善、市场规模的扩大及环境效益的提升。对于绿色基金而言，国有金融通过设立引导基金、PPP 模式等主要模式在资金来源、绿色项目筛选等方面为绿色发展提供了支持。针对绿色债券和绿色基金发展中面临的信息不对称、标准不统一、市场认可度不高等问题，建议充分发挥证券行业自律组织的功能，从信息披露的主体、内容及频次、格式与监督等环节健全信息披露机制，培育专门的第三方认证机构和具备责任投资理念的发行人与投资者，同时发挥证券行业自身的规模效应与信息优势，积极参与中央政府和地方政府发起设立的母基金和绿色产业基金，加快金融产品与服务创新，为绿色基金的发展探索更科学合理的利益分配机制与退出机制。此外，应积极探索并落实为绿色环保企业上市提供绿色通道，拓展绿色发展的融资渠道，同时发挥绿色股票指数的功能，引导投资者关注绿色环保企业的发展。

（二）通过金融资源的绿色化配置实现“三高”行业的清洁化发展

“三高”行业加重了环境的负荷，制约了国民经济的绿色发展。在我国，原环保部自 2007 年开始，每年发布《环境保护综合名录》。在最新的《环境保护综合名录（2017）》中，原环保部从全生命周期的角度，从“高污染、高环境风险”产品（885 项）和环境保护重点设备（72 项）两个方面对相关产品、行业信息进行披露，为绿色生产与绿色消费提供依据。“三高”行业主要包括了钢铁行业、化工行业、有色金融行业、水泥行业等。在“三高”行业中，亦存在国有金融资源。建议通过以下三种途径发挥国有金融的引导与示范功能，推动“三高”行业的清洁化发展：其一是以供给侧结构性改革和绿色发展为导向，带头加快淘汰落后产能与过剩产能；其二是发挥资金优势和规模效应，整合资源聚焦技术研发，协同推进现有设备的清洁化改造与全新生产方式的探索，同时利用技术的溢出效应，带动行业整体生产方式的改进；其三是积极参与碳排放权交易市场，探索降低节能减排成本的新路径。

（三）综合配置金融资源推动绿色环保行业的发展

国家发改委在2017年1月25日发布的《战略性信息产业重点产品和服务指导目录》中，将战略性新兴产业分为新一代信息技术产业、高端装备制造产业、新材料产业、生物产业、新能源汽车产业、新能源产业、节能环保产业、数字创业产业等8个产业。本节研究的绿色环保行业，主要是指战略性新兴产业中的新能源产业和节能环保产业。

为推进战略性新兴产业的发展，我国已通过政府引导基金、“母子基金”等多种金融创新举措投入了大量的国有金融资源。对于处于绿色环保行业内部、以大型央企为代表的国有金融而言，其加快绿色发展的路径主要包括三条：其一是直接发起或参与发起成立绿色投资基金，利用自身的市场势力、信息优势与资金优势，布局和整合行业资源，推动生产方式的转变，同时利用大型央企旗下的上市平台，为绿色产业投资基金的退出创造条件；其二是通过申请绿色信贷、发行绿色债券、吸引绿色保险资金等方式，利用传统金融工具为企业研发与持续发展募集资金；其三是积极参与全国性碳市场的建设，熟悉碳排放权交易的机制，推动节能减排创新工具的推广。

二　基于功能发挥的国有金融绿色体系构建

国有金融兼具“国有”和“金融”的双重属性，“国有”属性决定了其在社会主义市场经济建设中居于政府与市场之间的中介地位，决定了其践行社会责任的义务性和强制性以及在国民经济社会发展中作为“领头兵”的示范与引导功能；“金融”属性决定了其在资源配置和风险分散方面具有重要功能。本节将从示范与引导功能、资源配置功能和风险分散功能三个方面论述国有金融绿色发展体系的构建。

第一，发挥国有金融的示范与引导功能。示范与引导功能同时体现了国有金融的营利性与社会性。在绿色发展的历程中，国有金融已经利用融资机制、市场孵化机制等方式借助于规模效应、杠杆效应等路径，通过绿色信贷、绿色保险、绿色证券等传统金融模式以及碳交易市场等创新模式，引导和带动股份制商业银行、保险公司等金融机构及社会资本、民间资本及国际资本进入绿色产业。

国有金融体系应结合经济功能和社会功能的不同定位，对绿色项目中的公益性项目与营利性项目采取差别化的引导模式。针对公益性的绿色项目，要充分发挥国有金融的社会性功能，以绿色发展为导向，发挥国有金融在基础设施建设等方面的示范作用，鼓励有能力的企业积极参与；针对营利性的绿色项目，建议利用市场化的机制，发挥国有金融在项目发展初期的孵化功能，通过风险、收益的逐步显性，以国有金融为杠杆，撬动更多资本进入，并在项目运营步入正轨之后，选择合理的方式退出，实现绿色项目市场化运作的逻辑自洽。

第二，充分发挥国有金融资源绿色化配置的功能。集聚和分配资源是金融体系的重要功能之一。应重点从三个方面发挥国有金融的资源绿色化配置功能：其一，充分发挥绿色信贷、绿色保险、绿色证券等传统绿色金融产品的功能，通过“有保有压”的方式，提高“三高”企业的融资成本，同时为节能环保的绿色企业提供融资便利及多元化的融资渠道，引导资金流向绿色项目；其二，积极推动产品创新和业务创新，大力发展 PPP 模式的环保产业基金，通过设置合理的风险分担原则及预期的未来收益，提高社会资本、民间资本、国际资本等参与绿色项目的积极性，为绿色发展开拓更多的融资渠道；其三，利用全国碳排放交易市场，将污染排放的外部性成本内部化，通过碳排放质押、借碳交易、碳期权、碳期货等相关金融创新，吸引更多机构投资者与个人投资者进入，为绿色发展募集更多的资金支持。

第三，发挥国有金融绿色化发展中的风险分散功能。由于绿色发展所需资金额度较大、期限较长、不确定性较高，出现风险与收益错配的局面。国有金融机构及国有企业在市场制度建设、信息获取、风险管控等方面的优势，能够借助规模效应的发挥，在一定程度上能够消化绿色项目风险可能带来的损失。与此同时，绿色保险的发展亦为绿色发展的风险管理与风险分散提供了工具。应从以下三个方面推动绿色保险的发展，充分发挥国有金融在风险分散方面的功能。

其一，拓展绿色保险的内涵，健全绿色保险相关的法律体系，以法律条文的形式明确规定对环境污染行为的惩罚机制，尽早落实《环境污染强制责任保险管理办法》，降低企业的侥幸心理。提高绿色保险的投保率，同时逐步扩充绿色保险的内涵，扩大绿色保险市场的发展空间。

其二，通过政策供给优化激励机制，可以考虑由政府设置专项资金，利用国有金融资源，为投保企业提供补贴，为保险机构提供补偿。同时，匹配税收和信贷优惠政策，提高企业和保险机构参与绿色保险的积极性。

其三，完善基础设施，建议通过牵头建立环境风险信息数据库及信息共享机制，打破企业、保险机构与监管部门之间的信息壁垒，降低市场上的信息不对称。同时，鼓励在政府持股比例较高的保险机构的带动下，加快技术研发和产品创新，构建环境污染责任保险的行业标准。

三　基于网格分层的国有金融绿色发展体系构建

本书所界定的国有金融资源主要包括中央及地方各级政府的财政资金、大型央企中的国有成分以及国有金融资本。根据国有金融在我国经济金融网络中分布的隶属关系的不同，国有金融资源的来源主要包括三个渠道：中央及地方各级政府、大型央企、金融机构。

首先，中央及地方各级政府在绿色发展中的作用应集中体现在融资支持、政策支持及市场能力建设三个方面。

在融资支持方面，应继续以 PPP 模式的绿色基金为抓手，由中央财政积极整合现有的环境治理投资等专项资金，设立国际层面的绿色发展基金，利用中央财政的国家信用，引导更多社会资本进入绿色产业；由地方政府深耕“设立引导基金—引导金融机构与社会资本建立母基金—引入多种资本类型建立多只绿色基金”的模式，由地方财政作为劣后级，母基金作为优先级，吸引不同渠道的资本进入。同时以 PPP 模式作为主导设置绿色发展基金，优化公共部门和私人部门的收益风险共担机制，积极探索资产证券化、项目清算退出及股权回购等退出方式。

在政策支持方面，中央及地方政府应明确绿色发展的内涵及绿色项目的界定标准，优化制度与服务供给，构建绿色信贷、绿色保险等不同绿色金融发展模式的联动机制，建立第三方认证机构的准入、监督及退出机制，并从信息披露的主体、信息披露的内容及频次、信息披露的格式及信息披露状况的评估等多个方面着眼，在现有自愿性披露的政策框架的基础之上构建相对完善的信息披露制度。

在市场能力建设方面，中央及地方政府应确立“绿水青山就是金山银山”的价值判定标准，积极宣传绿色发展的理念，基于社会责任理论培育合格的发行人和投资者。引导发行人与投资者在经济效益和环境效益之间进行恰当权衡。帮助投资者综合运用正筛选策略和负筛选策略，识别投资对象的环境表现，加大对绿色产业的投资，从而提高市场的流动性。

其次，大型央企中蕴含着大量的国有金融资源，其在行业中所处的龙头地位以及多年深耕的经验，使其更为了解行业发展的现状、结构、“痛点”及资金需求。建议大型央企继续发挥绿色产业投资基金的功效，利用自身的市场势力、信息优势与资金优势，布局和整合产业资源，推动行业的绿色化发展。此外，建议大型央企尤其是排放强度相对较大的央企，积极参与全国性碳市场的建设及碳排放交易，带动行业寻求减排成本最小化的路径。

最后，金融机构在国有金融绿色发展体系中占据重要地位，建议从开发性需求、投融资需求、风险分散的需求等三个层面优化金融机构的现有行为。一是以开发性需求为出发点，充分发挥三家政策性银行（尤其是国家开发银行）在市场开发、信用增进、制度构建等金融基础设施建设方面的优势，依据“政府入口—开发性金融孵化—市场出口”的运作机制，以政府资本作为杠杆，以 PPP 等多种方式吸收民间的社会资本，积极摸索绿色发展的盈利路径，提高市场活力和韧性。二是针对投融资需求，建议以绿色信贷作为基础，健全信贷标准，积极推动产品创新和业务创新，大力发展绿色债券和碳金融等新型业态。加强与第三方支付、社交平台的合作，利用数据挖掘技术，在风险可控的前提下，加大对小微企业及农户信贷的扶持力度。利用资产证券化业务，盘活存量，释放信贷空间。三是考虑到分散风险的需求，应守住不发生系统性风险的底线，适当有序地对传统产业进行改造和优化升级。借助绿色保险和绿色发展基金等创新产品为新兴产业的投资提供保护和支持。另外，通过引入风险资本和战略投资者等方式优化投资者结构，利用金融市场为不同投资者能够承担的风险进行准确测量，从而满足风险偏好不同的投资者的投资需求，同时实现绿色发展风险的分散化。

四 国有金融绿色发展的配套政策

利用货币政策，通过优化《绿色信贷统计制度》，进一步明确并统一绿色信贷的统计口径与报送程序，并结合绿色信贷的数据信息对商业银行贯彻落实绿色信贷相关政策的力度进行考核，将考核结果作为中国人民银行对金融机构进行宏观审慎监管的重要指标，对绿色信贷政策执行较高的金融机构进行政策倾斜。通过将绿色信贷纳入 MPA 考核的政策安排，优先接受绿色贷款资产作为再贷款和常备借贷便利的担保品，同时综合运用绿色抵押补充贷款、绿色再贷款、绿色再贴现等金融工具为商业银行开展绿色信贷业务提供流动性支持。

利用财政政策，在短期内通过税收优惠、财政补贴等形式激发金融机构、企业等不同主体开展绿色金融业务的动力。在长期，可以由财政设立专项激励资金，对绿色信贷、绿色债券、绿色保险、绿色基金等相关业务开展较好的金融机构进行奖励，并给予适当的风险补偿，同时采取减免增值税、企业所得税等方式，进一步调动相关金融机构开展绿色业务的积极性。

设置“黑白名单”制度，强化激励和监督机制。建议政府部门以长期合作为导向，为社会资本建立用于市场准入的动态的“黑白名单”的制度。由监管机构定期对 PPP 项目中的社会资本进行考核，将积极履行协议且业绩较高、信用度较高的参与方，列入“白名单”；将无故或恶意违反协议内容、业绩较差、信用资质恶化的参与方，列入“黑名单”。对于“白名单”上的社会资本方，在 PPP 项目的招标中给予优先考虑，培育适合长期合作的社会资本；对于“黑名单”上的社会资本方，可在规定年限内对进行市场禁入，并在后续的招标过程中提高对其的审核标准。监管机构需结合社会资本方的业绩表现，定期对“黑白名单”进行调整，通过声誉及运营成本等多种途径，引导社会资本方的行为选择。

第三节 进一步研究展望

绿色发展被视为经济发展的新引擎，其推进中面临的资金缺口需要金融行业尤其是国有金融的大力支持。本书参照当前绿色金融体系的框架，对国有金融在绿色信贷、绿色保险、绿色证券、碳市场中的功能及作用机制进行分析，对国有金融利用新型金融业态及碳市场推进绿色发展的功效进行实证检验。由于本人的知识能力和学术视野有限，对绿色发展视域下国有金融资源配置的相关研究还有待进一步深入，建议可以从以下三个方面展开。

第一，进一步明晰多层次的国有金融体系，梳理归纳国有金融的内涵与组成，验证国有金融资源配置的绿色化倾向。本书在“国有金融资本”的基础之上，将“国有金融资源”界定为金融机构、中央及地方政府、大型央企等主体所蕴含且能够支配的金融资源。但在实证研究的过程中，受制于数据可得性以及本人数理分析能力有限，本书主要以银行业为例，对国有金融资源绿色化配置的效果进行检验，尚未对其他层面的国有金融资源的绿色化进行验证，可作为未来进一步研究的方向。

第二，进一步优化国有金融绿色化的评价指标体系，综合运用多种方法进行评估。本书从“环境”“公平”“效率”三个维度着眼，对绿色发展的内涵进行重新界定，构建了由一个一级指标、三个二级指标、四个三级指标构成的评价指标体系。由于本人知识能力有限，书中仅使用主成分分析和格兰杰检验的方法对国有金融资源配置的绿色化倾向和引导功能进行初步检验。在后续研究中，可以通过优化评价指标体系与计量分析方法，进一步对现有的研究结论进行验证。

第三，进一步完善国有金融绿色发展体系的构建。本书从行业、功能、机构属性、配套政策等维度为提升国有金融资源配置的绿色化水平提出了相关建议，但由于研究视野有限，未能从长期发展的视角，对国有金融推进绿色发展的策略进行更深层次的挖掘，这可作为后续研究的一个方向。

参考文献

环境保护部环境与经济政策研究中心：《中国绿色信贷发展报告 2010》，环境保护部，2010 年。

李晓西、夏光：《中国绿色金融报告 2014》，中国金融出版社 2014 年版。

绿色金融工作小组：《构建中国绿色金融体系》，中国金融出版社 2015 年版。

于晓刚：《中国银行业环境记录（NGO 版 2014）》，云南科技出版社 2014 年版。

原庆丹、沈晓悦、杨姝影：《绿色信贷与环境责任保险》，中国环境科学出版社 2012 年版。

中共中央、国务院：《关于完善国有金融资本管理的指导意见》，2018 年。

中国人民银行研究局：《中国绿色金融发展报告 2017》，中国金融出版社 2018 年版。

[美] 德内拉·梅多斯、乔根·兰德斯、丹尼斯·梅多斯：《增长的极限》，李涛、王智勇译，机械工业出版社 2013 年版。

安国俊：《绿色基金发展的国际借鉴》，《中国金融》2016 年第 16 期。

安国俊：《绿色基金如何驱动绿色发展》，《银行家》2016 年第 10 期。

安国俊：《绿色基金：政府与社会资本合力推动绿色发展》，《金融时报》2016 年 8 月 25 日第 2 版。

安国俊：《绿色债券的国际经验及中国实践》，《债券》2016 年第 7 期。

安国俊：《我国绿色基金发展前景广阔》，《银行家》2017 年第 8 期。

安丽、赵国杰：《排污权交易评价指标体系的构建及评价方法研究》，《中国人口·资源与环境》2008 年第 1 期。

巴曙松、丛钰佳、朱伟豪:《绿色债券理论与中国市场发展分析》,《杭州师范大学学报》(社会科学版) 2019 年第 1 期。

包学雄、朱文玉:《社会保障基金的“绿色投资”路径探究——以森林投资为例》,《福建林业科技》2014 年第 4 期。

蔡海静:《我国绿色信贷政策实施现状及其效果检验——基于造纸、采掘与电力行业的经验证据》,《财经论丛》2013 年第 1 期。

蔡跃洲、郭梅军:《我国上市商业银行全要素生产率的实证分析》,《经济研究》2009 年第 9 期。

曹明弟:《发展态势良好的绿色金融体系》,《中国科技论坛》2018 年第 4 期。

曹明弟、王文:《绿色债券发展前景》,《中国金融》2015 年第 10 期。

曹曦东、于立:《海绵城市建设中对政府和社会资本合作模式运用的思考及建议——以泰安徂汶景区海绵城市项目为例》,《城市发展研究》2018 年第 5 期。

曹媛媛、刘松涛、刘煜珅:《中国绿色债券评估认证制度》,《中国金融》2017 年第 14 期。

常兆春:《国外推动绿色发展基金的经验及对内蒙古的借鉴和启示》,《北方经济》2017 年第 11 期。

陈锦然:《国有企业效率、过度投资与利润增长》,《技术与创新管理》2018 年第 5 期。

陈敬元:《发展绿色保险的思路与对策》,《南方金融》2016 年第 9 期。

陈凯:《经济发展与国有商业银行利润效率》,《上海经济研究》2011 年第 10 期。

陈凯:《绿色金融政策的变迁分析与对策建议》,《中国特色社会主义研究》2017 年第 5 期。

陈诗一、陈登科:《中国资源配置效率动态演化——纳入能源要素的新视角》,《中国社会科学》2017 年第 4 期。

陈诗一:《工业二氧化碳的影子价格:参数化和非参数化方法》,《世界经济》2010 年第 8 期。

陈伟光、胡当:《绿色信贷对产业升级的作用机理与效应分析》,《江西财经大学学报》2011 年第 4 期。

陈霞、许松涛:《国外主权绿色债券特征及启示研究》,《金融发展研究》2018 年第 1 期。

陈志峰:《我国绿色债券环境信息披露的完善路径分析》,《环境保护》2019 年第 1 期。

陈志国、杨甜婕、张弛:《养老基金绿色投资组合分析与投资策略》,《保险研究》2014 年第 6 期。

崔君君、张硕新:《论我国的“绿色保险”制度》,《西北林学院学报》2012 年第 3 期。

崔连标、范英、朱磊、毕清华、张毅:《碳排放交易对实现我国“十二五”减排目标的成本节约效应研究》,《中国管理科学》2013 年第 1 期。

崔连标、宋马林、朱磊、范英:《全球绿色气候基金融资责任分摊机制研究——一种兼顾责任与能力的视角》,《财经研究》2015 年第 3 期。

崔连标、朱磊、范英:《基于碳减排贡献原则的绿色气候基金分配研究》,《中国人口·资源与环境》2014 年第 1 期。

邓聿文:《为企业节能减排构筑:“绿色信贷”》,《上海证券报》2007 年 7 月 20 日第 7 版。

丁杰:《绿色信贷政策、信贷资源配置与企业策略性反应》,《经济评论》2019 年第 4 期。

丁晓钦、陈昊:《国有企业社会责任的理论研究及实证分析》,《马克思主义研究》2015 年第 12 期。

董利:《绿色信贷体系建设和风险防控》,《中国金融》2012 年第 10 期。

董晓庆、赵坚、袁朋伟:《国有企业创新效率损失研究》,《中国工业经济》2014 年第 2 期。

杜莉、李建瑞:《绿色低碳城市建设、发展与金融支持》,《社会科学战线》2018 年第 8 期。

杜莉、万方:《中国统一碳排放权交易体系及其供需机制构建》,《社会科学战线》2017 年第 6 期。

杜莉、张鑫:《绿色金融、社会责任与国有商业银行的行为选择》,《吉林大学社会科学学报》2012 年第 5 期。

杜莉、张云：《如何在碳金融交易中合理界定政府与市场的关系？——理论与实证!》，《吉林大学社会科学学报》2015 年第 1 期。

杜莉、张云、王凤奎：《开发性金融在碳金融体系建构中的引致机制》，《中国社会科学》2013 年第 4 期。

杜莉、郑立纯：《我国绿色金融政策体系的效应评价——基于试点运行数据的分析》，《清华大学学报》（哲学社会科学版）2019 年第 1 期。

杜莉、周津宇：《政府持股比例与金融机构资源配置的“绿色化”——基于银行业的研究》，《武汉大学学报》（哲学社会科学版）2018 年第 3 期。

杜强、潘怡：《普惠金融对我国地区经济发展的影响研究——基于省际面板数据的实证分析》，《经济问题探索》2016 年第 3 期。

段雅超：《我国新型绿色保险的发展及建议》，《现代管理科学》2017 年第 4 期。

樊志刚、李卢霞：《我国商业银行推行绿色信贷的政策环境分析及业务创新路径探讨》，《金融理论与实践》2012 年第 9 期。

方春阳、孙巍、王铮、王海蓉：《国有商业银行的效率测度及其行为特征的实证检验》，《数量经济技术经济研究》2004 年第 7 期。

方恒：《绿色信贷对商业银行盈利性影响研究》，《周口师范学院学报》2018 年第 3 期。

方悦：《完善我国环境污染责任保险制度的对策》，《经济纵横》2016 年第 3 期。

傅彦铭：《国有商业银行市场营销效率的测算》，《统计与决策》2015 年第 2 期。

高宏霞、陈文星、孟樊俊：《我国绿色证券投资基金绩效归因的实证研究》，《甘肃金融》2018 年第 6 期。

高晓燕、高歌：《绿色信贷规模与商业银行竞争力的关系探究》，《经济问题》2018 年第 7 期。

高晓燕、纪文鹏：《绿色债券的发行人特性与发行信用利差》，《财经科学》2018 年第 11 期。

高杨、李健：《基于 EMD－PSO－SVM 误差校正模型的国际碳金融市场价格预测》，《中国人口·资源与环境》2014 年第 6 期。

葛新锋：《我国绿色债券第三方认证情况及发展建议》，《金融纵横》2017 年第 8 期。

龚雨菡：《绿色气候基金的资金问题探讨》，《法制与社会》2016 年第 9 期。

龚玉霞、滕秀仪、赛尔沃等：《绿色债券发展及其定价研究——基于二叉树模型分析》，《价格理论与实践》2018 年第 7 期。

顾洪梅、冯青双：《我国国有金融资产出资人制度现状研究》，《经济体制改革》2016 年第 5 期。

顾雪松、谢妍、秦涛：《绿色保险支付意愿的影响因素研究——以江苏省无锡市为例》，《北京林业大学学报》（社会科学版）2016 年第 3 期。

韩松、王二明：《中国商业银行整体效率研究——基于具有中间投入和中间产出的综合网络 DEA 模型》，《经济理论与经济管理》2015 年第 8 期。

何凌云、吴晨：《绿色信贷、内外部政策及商业银行竞争力——基于 9 家上市商业银行的实证研究》，《金融经济学研究》2018 年第 1 期。

何德旭、张雪兰：《对我国商业银行推行绿色信贷若干问题的思考》，《上海金融》2007 年第 12 期。

何燕、陈真帅：《绿色保险实施中的障碍与对策》，《环境经济》2010 年第 10 期。

洪功翔：《国有企业存在双重效率损失吗——与刘瑞明、石磊教授商榷》，《经济理论与经济管理》2010 年第 11 期。

胡海红、刘金章：《对构建我国“绿色保险”制度的探讨》，《浙江金融》2008 年第 11 期。

胡海琼：《国有金融资产管理改革模式设计与政策匹配》，《改革》2017 年第 9 期。

胡静怡、陶士贵：《绿色信贷：研究现状及分析》，《特区经济》2018 年第 4 期。

胡荣才、张文琼：《开展绿色信贷会影响商业银行盈利水平吗?》，《金融监管研究》2016 年第 7 期。

胡振华、刘景月、周孔凝：《基于演化博弈的 PPP 模式公私合作机制研究》，《商业研究》2016 年第 7 期。

胡震云、陈晨、张玮：《基于微分博弈的绿色信贷与水污染控制反馈策略研究》，《审计与经济研究》2013 年第 6 期。

郇志坚、陈锐：《碳排放权市场价格发现功能的实证分析》，《上海金融》2010 年第 7 期。

黄茂兴、叶琪：《马克思主义绿色发展观与当代中国的绿色发展——兼评环境与发展不相容论》，《经济研究》2017 年第 6 期。

黄群慧、彭华岗、钟宏武、张蒽：《中国 100 强企业社会责任发展状况评价》，《中国工业经济》2009 年第 10 期。

黄速建、余菁：《国有企业的性质、目标与社会责任》，《中国工业经济》2006 年第 2 期。

黄韬、乐清月：《中国绿色债券市场规则体系的生成特点及其问题》，《证券市场导报》2018 年第 11 期。

霍东升：《绿色信贷对产业结构调整的作用分析》，《河北金融》2017 年第 12 期。

霍志辉、聂玉玲、王云鹤：《建立健全绿色债券第三方认证或评估机构》，《中国银行业》2017 年第 1 期。

江春、许立成：《制度安排、金融发展与社会公平》，《金融研究》2007 年第 6 期。

姜红：《气候变化是迄今为止最严重的市场失灵现象——访英国学术院院长尼古拉斯·斯特恩勋爵》，《中国社会科学报》2014 年 7 月 7 日第 1 版。

姜妮、杨奕萍：《立足环境风险管理，打造绿色保险无锡模式——访无锡市环境保护局副局长王晓栋》，《环境经济》2013 年第 8 期。

蒋华雄、谢双玉：《国外绿色投资基金的发展现状及其对中国的启示》，《兰州商学院学报》2012 年第 5 期。

蒋旭成、梁才：《“绿色保险”的国际经验与借鉴》，《广西金融研究》2008 年第 8 期。

金佳宇、韩立岩：《国际绿色债券的发展趋势与风险特征》，《国际金融研究》2016 年第 11 期。

瞿小松、邓翔、余子楠：《全球碳排放交易及其效率——基于一个动态 CGE 模型的实证分析》，《财经科学》2017 年第 4 期。

阚小冬：《绿色保险的政府角色》，《中国保险》2005 年第 4 期。

柯蒂斯·迈纳、梁小青：《绿色基金》，《中山大学研究生学刊》（社会科学版）1994 年第 1 期。

蓝虹、刘朝晖：《PPP 创新模式：PPP 环保产业基金》，《环境保护》2015 年第 2 期。

蓝虹、穆争社：《我国农村信用社改革绩效评价——基于三阶段 DEA 模型 Malmquist 指数分析法》，《金融研究》2016 年第 6 期。

蓝虹、任子平：《建构以 PPP 环保产业基金为基础的绿色金融创新体系》，《环境保护》2015 年第 8 期。

李程、白唯等：《绿色信贷政策如何被商业银行有效执行?》，《南方金融》2016 年第 1 期。

李稻葵、孔睿、伏霖：《中国经济高增长融资之谜——国内非中介融资（DNI）研究》，《经济学动态》2013 年第 7 期。

李华友、冯东方：《“绿色保险”的国际经验及发展趋势》，《环境经济》2008 年第 9 期。

李建强、张淑翠：《PPP 模式的环保产业基金》，《中国金融》2015 年第 20 期。

李敏、王仁祥、赵春艳：《“绿色保险”主体间的纳什均衡博弈》，《财会月刊》2009 年第 6 期。

李楠、乔榛：《国有企业改制政策效果的实证分析——基于双重差分模型的估计》，《数量经济技术经济研究》2010 年第 2 期。

李怒云、宋维明、何宇：《中国绿色碳基金的创建与运营》，《林业经济》2007 年第 7 期。

李若晢、唐文勇、李晓冬：《船舶风险控制方案的层次分析——模糊综合评价》，《中国航海》2019 年第 1 期。

李淑文：《低碳发展视域下的绿色金融创新研究——以兴业银行的实践探

索为例》，《中国人口·资源与环境》2016 年第 1 期。

李苏、贾妍妍、达潭枫：《绿色信贷对商业银行绩效与风险的影响——基于 16 家上市商业银行面板数据分析》，《金融发展研究》2017 年第 9 期。

李涛、徐翔、孙硕：《普惠金融与经济增长》，《金融研究》2016 年第 4 期。

李溪：《国外绿色金融政策及其借鉴》，《苏州大学学报》（哲学社会科学版）2011 年第 6 期。

李勋：《发展绿色金融的法律研究》，《兰州学刊》2009 年第 8 期。

李钊、邓睦军、周飞：《绿色债券市场与跨境投资研究》，《西南金融》2017 年第 5 期。

李宗录：《绿色气候基金基于特别提款权的融资构想评析》，《河南社会科学》2013 年第 1 期。

李宗录：《绿色气候基金融资的正当性标准与创新性来源》，《法学评论》2014 年第 3 期。

连莉莉：《绿色信贷影响企业债务融资成本吗？——基于绿色企业与“两高”企业的对比研究》，《金融经济学研究》2015 年第 5 期。

梁刚、蒋励佳、姚登程、莫丽茵、陈红：《绿色基金助力 PPP 模式发展研究》，《中国市场》2018 年第 5 期。

梁伟、朱孔来、姜巍：《环境税的区域节能减排效果及经济影响分析》，《财经研究》2014 年第 1 期。

梁玉、赵洋：《绿色信贷产业结构优化效应研究》，《西部金融》2017 年第 8 期。

林伯强、蒋竺均：《中国二氧化碳的环境库兹涅茨曲线预测及影响因素分析》，《管理世界》2009 年第 4 期。

林龙跃、崔雪莱、黄佳妮：《创新绿色债券助推低碳经济——国内首只附加碳收益中期票据案例分析》，《金融市场研究》2014 年第 6 期。

林松池：《水环境治理 PPP 融资模式风险管理研究》，《生产力研究》2017 年第 8 期。

刘瀚斌、李志青：《绿色债券的上海经验》，《环境经济》2017 年第

13 期。
刘婧宇、夏炎、林师模等：《基于金融 CGE 模型的中国绿色信贷政策短中长期影响分析》，《中国管理科学》2015 年第 4 期。
刘立民、牛玉凤、王永强：《绿色信贷对我国商业银行盈利能力的影响——基于 14 家上市银行的面板数据分析》，《西部金融》2017 年第 3 期。
刘明康：《健全国有金融资产管理体制》，《行政管理改革》2010 年第 11 期。
刘瑞明：《金融压抑、所有制歧视与增长拖累——国有企业效率损失再考察》，《经济学》（季刊）2011 年第 2 期。
刘瑞明、石磊：《国有企业的双重效率损失与经济增长》，《经济研究》2010 年第 1 期。
刘瑞明：《中国的国有企业效率：一个文献综述》，《世界经济》2013 年第 11 期。
刘小玄、朱克朋：《国有企业效率与退出选择——基于部分竞争性行业的经验研究》，《经济评论》2012 年第 3 期。
刘晔、张训常：《碳排放交易制度与企业研发创新——基于三重差分模型的实证研究》，《经济科学》2017 年第 3 期。
刘子禹：《省域视角下的绿色债券动力研究——以甘肃省为例》，《现代商贸工业》2017 年第 31 期。
鲁政委、汤维祺：《2017 年中国绿色金融市场综览》，《兴业研究》2018 年第 1 期。
鲁政委、汤维祺：《发展绿色债券正当其时》，《清华金融评论》2016 年第 5 期。
陆文钦、王遥：《明确界定绿色债券项目》，《中国金融》2016 年第 6 期。
吕秀萍、黄华、程万昕、贾建国：《基于可持续发展的绿色保险研究——一个新的视角》，《生产力研究》2011 年第 11 期。
罗雁之、焦月：《绿色信贷对产业结构调整影响研究》，《经济研究导刊》2012 年第 13 期。
马骏：《我国绿色债券市场与发展前景》，《中国证券》2018 年第 2 期。

马骏：《中国绿色金融展望》，《中国金融》2016 年第 16 期。

马艳艳、王诗苑、孙玉涛：《基于供求关系的中国碳交易价格决定机制研究》，《大连理工大学学报》（社会科学版）2013 年第 3 期。

马彧菲、杜朝运：《普惠金融指数的构建及国际考察》，《国际贸易探索》2016 年第 1 期。

倪国华、徐丹丹、谢志华：《国有企业在不同经济发展阶段的效率图谱研究》，《数量经济技术经济研究》2016 年第 7 期。

聂永忠：《国有商业银行总分行的组织效率——基于公司治理视角的研究》，《金融论坛》2014 年第 12 期。

齐婉婉：《绿色气候基金法律问题研究》，《学理论》2018 年第 4 期。

秦绪红：《发达国家推进绿色债券发展的主要做法及对我国的启示》，《金融理论与实践》2015 年第 12 期。

邱英杰、杨晓倩：《绿色信贷与产业升级的关系研究——基于灰色关联模型的实证分析》，《福建金融》2019 年第 1 期。

权小锋、吴世农、尹洪英：《企业社会责任与股价崩盘风险："价值利器"或"自利工具"?》，《经济研究》2015 年第 11 期。

饶淑玲、陈迎、马骏：《纵深发展绿色金融》，《中国金融》2018 年第 18 期。

任辉、周建农：《循环经济与我国绿色保险体系的构建》，《国际经贸探索》2010 年第 8 期。

任康钰、张晨希：《绿色信贷对我国商业银行业绩的异质性影响——基于 16 家上市商业银行面板数据的分析》，《武汉金融》2018 年第 5 期。

邵传林、雒玉箫：《动态博弈视角下绿色保险发展的背景、动因及政策支持研究》，《北京化工大学学报》（社会科学版）2018 年第 2 期。

沈炳熙：《关于国有金融资产管理模式的若干思考》，《金融纵横》2010 年第 7 期。

沈绿野、杨璞：《浅析绿色气候基金长期资金的来源模式》，《经济研究导刊》2017 年第 6 期。

盛和泰：《供给侧改革视角下保险助力推动绿色转型升级》，《清华金融评论》2017 年第 7 期。

宋汉光、周豪、余霞民：《金融发展不均衡、普惠金融体系与经济增长》，《金融发展评论》2014 年第 5 期。

宋晓玲、吴嘉伊：《绿色信贷对财务绩效的影响——来自赤道银行的经验证据》，《征信》2017 年第 3 期。

宋晓玲：《西方银行业绿色金融政策：共同规则与差别实践》，《经济问题探索》2013 年第 1 期。

苏冬蔚、连莉莉：《绿色信贷是否影响重污染企业的投融资行为?》，《金融研究》2018 年第 12 期。

睢立军、董竹、朱茵烨：《企业社会责任与金融机构股权结构的实证研究》，《东北师大学报》（哲学社会科学版）2016 年第 1 期。

孙光林、王颖、李庆海：《绿色信贷对商业银行信贷风险的影响》，《金融论坛》2017 年第 10 期。

孙穗：《基于绿色金融视角的 PPP 模式融资创新研究》，《技术经济与管理研究》2019 年第 5 期。

孙晓华、李明珊：《国有企业的过度投资及其效率损失》，《中国工业经济》2016 年第 10 期。

孙欣、张可蒙、雷怀英：《碳排放权交易制度有效性评价指标体系的构建》，《统计与决策》2014 年第 9 期。

孙旭东、毕涛：《PPP 模式在我国环境基础设施建设中的应用研究》，《经济师》2015 年第 3 期。

谭春兰、王柯茹：《绿色信贷支持海洋产业升级研究》，《海洋经济》2017 年第 3 期。

唐葆君、申程：《欧洲二氧化碳期货市场有效性分析》，《北京理工大学学报》（社会科学版）2012 年第 1 期。

唐啸：《绿色经济理论最新发展述评》，《国外理论动态》2014 年第 1 期。

陶茜：《绿色信贷对银行绩效的影响机制探讨》，《宏观经济管理》2016 年第 5 期。

田国双、杨茗：《绿色信贷与银行财务绩效相关性研究——基于 16 家上市商业银行的数据》，《河南工业大学学报》（社会科学版）2018 年第 2 期。

田辉：《中国绿色保险的现状问题与未来发展》，《发展研究》2014 年第 5 期。

田穗、刘小小：《欧洲碳排放权现货市场有效性研究——基于 GARCH 模型》，《杭州电子科技大学学报》（社会科学版）2015 年第 2 期。

涂正革、谌仁俊：《排污权交易机制在中国能否实现波特效应?》，《经济研究》2015 年第 7 期。

万志宏、曾刚：《国际绿色债券市场：现状、经验与启示》，《金融论坛》2016 年第 2 期。

汪国庆：《搭建中国“绿色保险”制度新平台的设想》，《经济与管理》2009 年第 1 期。

汪鹏等：《碳价格的传导机理及影响研究——以广东碳市场为例》，《生态经济》2017 年第 3 期。

汪雯娟、彭翔、王波、邱实：《基于风险偏好的 PPP 项目风险分担博弈优化模型》，《工程经济》2018 年第 2 期。

汪勇杰、陈通、邓斌：《公共文化 PPP 项目风险分担的演化博弈分析》，《运筹与管理》2016 年第 5 期。

王凤荣、王康仕：《“绿色”政策与绿色金融配置效率——基于中国制造业上市公司的实证研究》，《财经科学》2018 年第 5 期。

王福成：《绿色发展理念与马克思主义关于人和自然关系的原理》，《经济学家》2016 年第 7 期。

王倩、王硕：《中国碳排放权交易市场的有效性研究》，《社会科学辑刊》2014 年第 6 期。

王顺庆：《强制绿色保险应成为我国的一项绿色新政》，《中国环境科学学会 2013 中国环境科学学会学术年会论文集》（第三卷），中国环境科学学会，2013 年。

王文、曹明弟：《标准化绿色债券推进“一带一路”建设》，《中国金融家》2017 年第 5 期。

王文、曹明弟：《绿色保险护航“一带一路”建设》，《中国金融家》2018 年第 1 期。

王文军、谢鹏程、李崇梅、骆志刚、赵黛青：《中国碳排放权交易试点机制的减排有效性评估及影响要素分析》,《中国人口·资源与环境》2018 年第 4 期。

王晓宁、朱广印:《绿色信贷规模与商业银行经营效率的关系研究——基于全局主成分法的实证分析》,《金融与经济》2017 年第 11 期。

王晓宁、朱广印:《商业银行实施绿色信贷对盈利能力有影响吗?——基于 12 家商业银行面板数据的分析》,《金融与经济》2017 年第 6 期。

王修华、刘娜:《我国绿色金融可持续发展的长效机制探索》,《理论探索》2016 年第 4 期。

王扬雷、杜莉:《我国碳金融交易市场的有效性研究——基于北京碳交易市场的分形理论分析》,《管理世界》2015 年第 12 期。

王遥、曹畅:《绿色债券发展的五个关键点》,《21 世纪经济报道》2015 年 6 月 29 日第 17 版。

王遥、曹畅:《推动绿色债券发展》,《中国金融》2015 年第 20 期。

王遥、曹畅:《中国绿色债券第三方认证的现状与前景》,《环境保护》2016 年第 19 期。

王遥、史英哲、李勐:《绿色债券发行市场》,《中国金融》2016 年第 16 期。

王遥、徐楠:《中国绿色债券发展及中外标准比较研究》,《金融论坛》2016 年第 2 期。

危平、舒浩:《中国资本市场对绿色投资认可吗?——基于绿色基金的分析》,《财经研究》2018 年第 5 期。

魏诗博:《绿色债券助力传统制造业转型升级之路》,《征信》2017 年第 5 期。

魏再晨:《绿色保险保护绿色生态》,《中国金融家》2016 年第 11 期。

吴朝霞、曾石安:《建立我国统一框架下的排污权交易机制》,《人文杂志》2018 年第 8 期。

吴力波、钱浩祺、汤维祺:《基于动态边际减排成本模拟的碳排放权交易与碳税选择机制》,《经济研究》2014 年第 9 期。

吴延兵:《国有企业双重效率损失研究》,《经济研究》2012 年第 3 期。

夏少敏:《论绿色信贷政策的法律化》,《法学杂志》2008 年第 4 期。

厦门大学中国特色社会主义研究中心：《“国企低效论”辨析》，《求是》2016 年第 18 期。

古小东：《绿色信贷的国际经验与启示》，《金融与经济》2010 年第 7 期。

肖应博：《国外绿色债券发展研究及对我国的启示》，《开发性金融研究》2015 年第 4 期。

谢来辉：《碳交易还是碳税？理论与政策》，《金融评论》2011 年第 6 期。

谢莉娟、王诗桪：《国有资本应该退出竞争性领域吗——基于行业比较与批发业效率机制的分析》，《财贸经济》2016 年第 37 卷第 2 期。

谢升峰、路万忠：《农村普惠金融统筹城乡发展的效应测度——基于中部六省 18 县（市）的调查研究》，《湖北社会科学》2014 年第 5 期。

谢婷婷、荆影影：《利率市场化、绿色信贷对商业银行利润驱动的实证研究》，《财会研究》2018 年第 4 期。

修静、刘海英、臧晓强：《绿色信贷、节能减排下的工业增长及预测研究》，《当代经济科学》2015 年第 3 期。

徐桂兰、李诗韵：《“绿色气候基金”启动及运作模式思考》，《时代金融》2012 年第 36 期。

徐铭浩：《深圳碳排放交易市场有效性研究》，《中外能源》2017 年第 7 期。

徐尚昆、杨汝岱：《企业社会责任概念范畴的归纳性分析》，《中国工业经济》2007 年第 5 期。

徐胜、赵欣欣等：《绿色信贷对产业结构升级的影响效应分析》，《上海财经大学学报》2018 年第 2 期。

徐晓华：《绿色保险与生态文明建设》，《光明日报》2013 年 9 月 9 日第 13 版。

许松涛、陈霞：《绿色信贷、银企关系与企业投资行为》，《金融理论探索》2019 年第 1 期。

闫世刚：《基于层次分析——模糊综合评价的北京市新能源产业竞争力研究》，《科技管理研究》2017 年第 7 期。

严湘桃：《对构建我国“绿色保险”制度的探讨》，《保险研究》2009 年第 10 期。

杨达远：《论汇金模式与商业银行国有金融资产管理》，《金融教学与研究》2007 年第 4 期。

杨涛、程炼：《碳金融在中国发展的兴业商业银行案例研究》，《上海金融》2010 年第 8 期。

杨文、孙蚌珠、程相宾：《中国国有商业银行利润效率及影响因素——基于所有权结构变化视角》，《经济学》（季刊）2015 年第 2 期。

杨燕：《普惠金融水平的衡量及其对经济增长的影响——基于中国经济区域 2005—2013 年的面板数据》，《金融与经济》2015 年第 6 期。

杨一凡：《绿色信贷与债务期限相关性研究——兼论对企业投资的影响》，《财会通讯》2018 年第 20 期。

杨熠、李余晓璐、沈洪涛：《绿色金融政策、公司治理与企业环境信息披露——以 502 家重污染行业上市公司为例》，《财贸研究》2011 年第 5 期。

杨忠海：《理性与非理性金融泡沫理论研究进展》，《经济学动态》2008 年第 7 期。

姚明龙：《绿色债券发行利率折价因素实证分析》，《浙江金融》2017 年第 8 期。

姚洋：《非国有经济成分对我国工业企业技术效率的影响》，《经济研究》1998 年第 12 期。

游春：《绿色保险制度建设的国际经验及启示》，《海南金融》2009 年第 3 期。

于刚、张智晴：《基于 DEA-Malmquist 指数的中国商业银行效率研究》，《东北财经大学学报》2019 年第 1 期。

于晓虹、楼文高、余秀荣：《中国省际普惠金融发展水平综合评价与实证研究》，《金融论坛》2016 年第 5 期。

俞春江、李睿：《我国绿色债券信息披露现状及建议》，《债券》2017 年第 9 期。

俞国平：《建立绿色技术开发基金的方案设计》，《科技进步与对策》2006 年第 4 期。

俞岚：《绿色金融发展与创新研究》，《经济问题》2016 年第 1 期。

詹小颖：《绿色债券发展的国际经验及我国的对策》，《经济纵横》2016年第8期。

张宏亮：《普惠金融发展的经济效应研究——以陕西省为例》，《西部金融》2015年第5期。

张建设、董保伟、李瑚均：《公私合营（PPP）项目特许经营风险再分担博弈研究》，《项目管理技术》2018年第5期。

张健华：《我国商业银行效率研究的DEA方法及1997—2001年效率的实证分析》，《金融研究》2003年第3期。

张杰：《为什么选择国有金融制度》，《金融评论》2017年第1期。

张俊荣、王孜丹、汤铃、余乐安：《基于系统动力学的京津冀碳排放交易政策影响研究》，《中国管理科学》2016年第3期。

张连国：《论绿色经济学的三种范式》，《生态经济》2013年第3期。

张天华、张少华：《偏向性政策、资源配置与国有企业效率》，《经济研究》2016年第2期。

张型芳：《绿色金融产品创新：PPP环保产业基金》，载《2015年中国环境科学学会学术年会论文》（第一卷），中国环境科学学会，2015年。

张颖、舒相军：《排污权交易政策的评价标准研究》，《科技进步与对策》2006年第4期。

张志前、李政德：《金融监管视角下的国有金融资产管理》，《国有经济评论》2014年第1期。

章金萍：《基于经济可持续发展的绿色保险》，《浙江金融》2006年第3期。

赵朝霞：《商业银行绿色信贷实践及其对经济绿色转型的推动》，《财会月刊》2015年第32期。

赵静雯：《欧盟碳期货价格与能源价格的相关性分析》，《金融经济》2012年第14期。

赵立祥、王丽丽：《中国碳交易二级市场有效性研究——以北京、上海、广东、湖北碳交易市场为例》，《科技进步与对策》2018年第13期。

赵秀丽、王锦秋、郭嘉：《碳交易市场的资本构造性与现实有效性的思考》，《经济研究参考》2016年第51期。

赵雅斐、汲奕君、卢笛音、高帅:《借鉴国际经验发展我国绿色信贷》,《征信》2013 年第 6 期。

郑丙辉、王红梅、钟部卿等:《发达国家环境健康损害赔偿模式对中国的启示》,《环境科学与管理》2017 年第 6 期。

郑红霞、王毅、黄宝荣:《绿色发展评价指标体系研究综述》,《工业技术经济》2013 年第 2 期。

郑秀君:《基于互联网金融指标和环境效益指标的绿色债券综合信用评级研究》,《征信》2017 年第 10 期。

支玲、文冰、王振、徐玉龙、彭小花:《中国绿色碳基金发展现状及对策》,《世界林业研究》2009 年第 1 期。

志学红、王国栋、高清霞:《绿色信贷业务对商业银行盈利能力的影响》,《环境与可持续发展》2018 年第 1 期。

中国人民银行常州市中心支行调查统计科课题组:《对落实绿色信贷政策引导产业转型升级效果的实证分析——以江苏省常州市为例》,《金融纵横》2013 年第 6 期。

中国人民银行三明市中心支行课题组:《绿色信贷政策实施效应与优化选择路径研究——以福建省三明市为样本》,《福建金融》2012 年第 5 期。

周朝波、彭欢:《互联网金融崛起下中国上市商业银行效率研究——基于三阶段 DEA 法》,《征信》2018 年第 12 期。

周逢民、张会元、周海、孙佰清:《基于两阶段关联 DEA 模型的我国商业银行效率评价》,《金融研究》2010 年第 11 期。

周利、杜劲:《欧盟碳排放交易市场价格行为特征与市场有效性研究》,《金融纵横》2015 年第 11 期。

周晟吕:《基于 CGE 模型的上海市碳排放交易的环境经济影响分析》,《气候变化研究进展》2015 年第 2 期。

周愈博:《基于社会责任投资理论的绿色债券投资者建设研究》,《财会通讯》2017 年第 23 期。

周再清、马浥浥、曾建华:《我国上市银行绿色信贷表现及其财务绩效关联性研究》,《广西财经学院学报》2017 年第 1 期。

朱晋、赵燕：《绿色产业基金的发展模式与发展策略》，《银行家》2017年第7期。

朱德米、虞铭明：《公众、政府、企业共同参与排污权交易的有效性研究》，《经济与管理研究》2014年第8期。

朱南、卓贤、董屹：《关于我国国有商业银行效率的实证分析与改革策略》，《管理世界》2004年第2期。

朱培金：《绿色债券评估体系研究——基于熵指标法的研究》，《浙江金融》2017年第3期。

朱永彬、刘晓、王铮：《碳税政策的减排效果及其对我国经济影响的分析》，《中国软科学》2010年第4期。

朱宇、刘爽：《中国第二次人口红利的潜在助力——基于养老保险基金的绿色投资可行性探讨》，《郑州大学学报》（哲学社会科学版）2017年第3期。

邹亚生、魏薇：《碳排放核证减排量（CER）现货价格影响因素研究》，《金融研究》2013年第10期。

蔡凌曦：《我国城市节能减排政策体系的评价研究》，博士学位论文，西南交通大学，2015年。

李小莉：《PPP项目私人部门行为监管演化博弈机制研究——基于公众参与、声誉及参与方地位非对称的视角》，博士学位论文，暨南大学，2017年。

曲政鸿：《环境信息披露质量对绿色债券融资成本的影响研究》，硕士学位论文，哈尔滨工业大学，2017年。

徐瑶：《中国碳基金发展机制研究》，博士学位论文，吉林大学，2017年。

张云：《中国碳金融交易价格机制研究》，博士学位论文，吉林大学，2015年。

Alberto M., "Environmental Risk and Insurance, a Comparative Analysis of the Role of Insurance in the Management of Environment-related Risks", OECD Report, 2002.

Andersen, Petersen, Christian N., "A procedure for Ranking Efficient Units in Data Envelopment Analysis", *Management Science*, Vol. 39, No. 10,

1993.

Anna Creti, Pierre-André Jouvet, Valérie Mignon, "Carbon Price Drivers: Phase I versus Phase II Equilibrium?", *Energy Economics*, Vol. 34, No. 1, 2012.

Archie B. Carroll, "A Three-Dimensional Conceptual Model of Corporate Performance", The Academy of Management Review, No. 4, 1979.

Beat Hintermann, "Allowance Price Drivers in the First Phase of the EU ETS", *Journal of Environmental Economics and Management*, Vol. 59, No. 1, 2012.

Bonenti F., Oggioni G., Allevi E., et al., "Evaluating the EU ETS Impacts on Profits, Investments and Prices of the Italian Electricity Market", *Energy Policy*, Vol. 59, No. 59, 2013.

Chambers R., Chung Y., Färe R., "Profit, Directional Distance Functions, and Nerlovian Efficiency", *Optimiz Theory App*, No. 2, 1998.

Charnes A., Cooper W. W., Rhodes E., "Measuring the Efficiency of Decision Making Units", *European Journal of Operational Research*, Vol. 2, No. 6, 1978.

Christian Conrad, Daniel Rittler, Waldemar Rotfuß, "Modeling and Explaining the Dynamics of European Union Allowance Prices at High-frequency", *Energy Economics*, Vol. 34, No. 1, 2012.

Cong J., Liu Q., Kang J., et al., "Analysis of interprovincial trade embodied carbon emissions in Beijing-Tianjin-Hebei and surrounding provinces: based on constructed MRIO Model", *Chinese Journal of Population, Resources and Environment*, Vol. 15, No. 1, 2017.

Dai H., Masui T., Matsuoka Y., et al., "Assessment of China's climate commitment and non-fossil energy plan towards 2020 using hybrid AIM/CGE model", *Energy Policy*, Vol. 39, No. 5, 2011.

Dales J., *Pollution, Property, and Prices*, Toronto: University of Toronto Press, 1968.

Egenhofer C., Alessi M., Georgiev A., et al., "The EU Emissions Trading

System and Climate Policy Towards 2050: Real Incentives to Reduce Emissions and Drive Innovation?", *Social Science Electronic Publishing*, 2011.

Eleonore Loiseau, et al., "Green economy and related concepts: An overview", *Journal of Cleaner Production*, No. 139, 2016.

Ellerman A. D., Buchner B. K., "Over-Allocation or Abatement? A Preliminary Analysis of the EU ETS Based on the 2005 – 06 Emissions Data", *Environmental & Resource Economics*, Vol. 41, No. 2, 2008.

Eric Cowan, "Topical Issues In EnvironmentalFinance, research paper was Commissioned by the Asia Branch of the Canadian International Development-Agency (CIDA)", Topical Issues In Environmental Finance, 1999.

Eva Benz, Stefan Trück, "Modeling the Price Dynamics of CO_2 Emission Allowances", *Energy Economics*, Vol. 31, No. 1, 2009.

Frank J. Convery, Luke Redmond, "Market and Price Developments in the European Union Emissions Trading Scheme", *Review of Environmental Economics and Policy*, Vol. 1, No. 1, 2007.

Gulbrandsen L H, Stenqvist C., "The limited effect of EU emissions trading on corporate climate strategies: Comparison of a Swedish and a Norwegian pulp and paper company", *Energy Policy*, Vol. 56, No. 5, 2013.

H. David Sherman, Franklin Gold, "Bank branch operating efficiency: Evaluation with Data Envelopment Analysis", *Journal of Banking & Finance*, Vol. 9, No. 2, 1985.

Hong R. U., "Government Credit, a Double – Edged Sword: Evidence from the China Development Bank", *Journal of Finance*, No. 1, 2018.

Jan Horst Keppler, Maria Mansanet-Bataller, "Causalities Between CO_2, Electricity, and Other Energy Variables during Phase I and Phase II of the EU ETS", *Energy Policy*, Vol. 38, No. 7, 2010.

Jan Seifert, Marliese Uhrig-Homburg, Michael Wagner, "Dynamic Behavior of Spot Prices", *Journal of Environmental Economics and Management*, Vol. 56, No. 2, 2008.

Jeucken, Marcel, *Sustainable Finance and Banking: The Financial Sector and the Future of the Planet*, UK: Earthscan Publications Ltd. , 2002.

Kuwana K. , "Efficiency of Compulsory Liability Insurance for Environmental Policy: – A Comparison with Pigovian Tax – ", Hokengakuzasshi, 2007.

Lam K. C. , Wang D. , Lee P. T. K. , et al. , "Modelling risk allocation decision in construction contracts", *International Journal of Project Management*, No. 5, 2007.

Laurikka H. , Koljonen T. , "Emissions trading and investment decisions in the power sector—a case study in Finland", *Energy Policy*, Vol. 34, No. 9, 2006.

Levine, R. , "Finance and Growth: Theory and Evidence", In P. Aghion and S. N Durlauf (eds.), *Handbook of Economic Growth*, Amsterdam: Elsevier North-Holland, 2005.

Li B. , Akintoye A. , Edwards P. J. , et al. , "Critical success factors for PPP / PFI projects in the UK construction industry", *Construction management and economics*, No. 5, 2005.

Li B. , Akintoye A. , Edwards P. J. , et al. , "The allocation of risk in PPP / PFI construction projects in the UK", *International Journal of project management*, No. 1, 2005.

Li J. F. , Wang X. , Zhang Y. X. , et al. , "The economic impact of carbon pricing with regulated electricity prices in China—An application of a computable general equilibrium approach", *Energy Policy*, Vol. 75, No. C, 2014.

Limin Du, Aoife Hanley, Chu Wei, "Marginal Abatement Costs of Carbon Dioxide Emissions in China: A Parametric Analysis", *Environmental and Resource Economics*, Vol. 61, No. 2, 2015.

Li N. , Zhang X. , Shi M. , Hewings G. J. D. , "Does China's air pollution abatement policy matter? An assessment of the Beijing-Tianjin-Hebei region based on a multi-regional CGE model", *Energy Policy*, No. 4, 2019.

Löschel A. , Lutz B. J. , Managi S. , "The Impacts of the EU ETS on Efficiency and Economic Performance – An Empirical Analyses for German Manufacturing Firms", Resource & Energy Economics, 2018.

Luc Renneboog, Jenke Ter Horst, Chendi Zhang, "The Price of Ethics and Stakeholder Governance: The Performanceof Socially Responsible Mutual Funds", *Journal of Corporate Finance*, Vol. 14, No. 3, 2008.

Marcel Jeucken, *Sustainable finance and banking: The financial sector and the future of the planet*, UK: Earthscan Publications Ltd. , 2002.

Marc J. Roberts, Michael Spence, "Effluent charges and licenses under uncertainty", *Journal of Public Economics*, No. 5, 1976.

Martin R. , Muûls M. , Wagner U. J. , "The Impact of the EU ETS on Regulated Firms: What is the Evidence after Nine Years?", *Social Science Electronic Publishing*, Vol. 10, No. 1, 2016.

Michael C. Jensen, "Agency Costs of Overvalued Equity and the Current State of Corporate Finance", *European Financial Management*, Vol. 10, No. 4, 2004.

Mo J. L. , Agnolucci P. , Jiang M. R. , et al. , "The impact of Chinese carbon emission trading scheme (ETS) on low carbon energy (LCE) investment", *Energy Policy*, Vol. 89, 2016.

Monaghan S. , "A borrower's guide to lowering corporate environmental liability", *Journal of Corporate Accounting & Finance*, Vol. 4, No. 3, 2010.

Nainggolan Y. , How J. , Verhoeven P. , "Ethical Screening and Financial Performance: The Case of Islamic Equity Funds", *Journal of Business Ethics*, Vol. 137, No. 1, 2016.

Nicholas Stern, *Stern review: the economics of climate change*, Cambridge University Press, 2006.

Nicholas Stern, *Stern Review: the Economics of Climate Change*, Oxford: Cambridge University Press, 2006.

Nicolas Koch, Sabine Fuss, Godefroy Grosjean, Ottmar Edenhofer, "Causes of the EUETS Price Drop: Recession, CDM, Renewable Policies or a Bit of Everything? —New Evidence", *Energy Policy*, Vol. 73, No. 10, 2014.

OECD. *Towards Green Growth: Monitoring Progress*, http: //dx. doi. org/

10. 1787/9789264111318 – en.

Piia Aatola, Markku Ollikainen, AnneToppinen, "Price Determination in the EUETS Market: Theory and Econometric Analysis with Market Fundamentals", *Energy Economics*, Vol. 36, No. 3, 2013.

Rogge K. S., Hoffmann V. H., "The impact of the EU ETS on the sectoral innovation system for power generation technologies-Findings for Germany", *Energy Policy*, Vol. 38, No. 12, 2009.

Roopa T. N., Nisha Rajan, Suhasini, "Green Finance-The Trends and opportunities", *Asia Pacific Journal of Management & Entrepreneurship Research*, No. 2, 2012.

Sandoff A., Schaad G., "Does EU ETS lead to emission reductions through trade? The case of the Swedish emissions trading sector participants", *Energy Policy*, Vol. 37, No. 10, 2009.

Sarma, M., *Index of Financial Inclusion*, Working Paper No. 215/2008.

Segura S., Ferruz L., Gargallo P., et al., "Environmental versus economic performance in the EU ETS from the point of view of policy makers: A statistical analysis based on copulas", *Journal of Cleaner Production*, Vol. 176, No. 3, 2018.

Tony S., "Australian Economic Review: Recent Articles", *Australian Economic Review*, Vol. 37, No. 4, 2004.

Wang P., Dai H. C., Ren S. Y., et al., "Achieving Copenhagen target through carbon emission trading: Economic impacts assessment in Guangdong Province of China", *Energy*, Vol. 79, No. 79, 2015.

W. David Montgomery, "Markets in Licenses and Efficient Pollution Control Programs", *Journal of Economic Theory*, Vol. 5, No. 3, 1972.

Wei W., Li P., Wang S., et al., "CO_2 emission driving forces and corresponding mitigation strategies under low-carbon economy mode: evidence from China's Beijing-Tianjin-Hebei region", *Chinese Journal of Population, Resources and Environment*, Vol. 15, No. 2, 2017.

Whitmore Adam, "Compulsory environmental liability insurance as a means of dealing with climate change risk", *Energy Policy*, Vol. 28, No. 11, 2000.

William A. Pizer, *Prices vs quantities revisited*: *The case of climate change*, Resource for the Future Discussion Paper 98 - 02, 1997.